書くことが好きになる！

おうちで作文教室

楽しく

安

おうちのかたへ

書くことは、楽しい！

その喜びを、文章を書くことが苦手なお子様にも、ご家庭の中でも体験してもらいたい。
そんな思いで、この一冊の本をつくりました。

ジャーさんの作文教室は、子どもたちに楽しく書いてもらうことを一番の目的に考えたカリキュラムづくりをおこなっています。

「自分で文章がつくれた！」「作文用紙に自分の思いを書くことができた！」

そんな一つ一つの成功体験こそが、書くことの楽しさにつながっていきます。
真っ白な作文用紙を前にすると何から書けばいいかわからなくなってしまっていたお子様も、「自分は読む人に何を伝えたいのか？」「今、自分の心の中にどんな気持ちが湧いているのか？」といった自分の思いを探し、向き合ってみるだけで、自然と文章が紡ぎ出せるようになっていきます。

本書では、「工作シート」を通じて、手を動かしながら脳を刺激し、文章を書くためのリズムも整えていきます。また、まずは作文を書くためのメモをつくったり、穴埋め作文をつくったりと、「作文」に苦手意識を持つお子様も取り組みやすいような工夫をしています。
ジャーさんの作文教室でも、「書くことが苦手」だったお子様が、レッスン後には自分で書き上げた作文を嬉しそうに親御さんにみせている姿をたくさん見てきました。
作文に正解はありません。まずは楽しく書くことこそが、お子様の文章力を高めていくための一番の近道だと信じています。

本書を通して、お子様に文章を書く楽しさを知っていただき、また、親子の楽しいコミュニケーションにもつながれば嬉しく思います。

ジャーさんの作文教室

安田未由

各章《かくしょう》で
身《み》につく力《ちから》

第《だい》1章《しょう》

自分《じぶん》の気持《きも》ちを表現《ひょうげん》する

身《み》につく力《ちから》

感情表現力《かんじょうひょうげんりょく》・想像力《そうぞうりょく》

第《だい》2章《しょう》

身《み》の回《まわ》りのことをしょうかいする

身《み》につく力《ちから》

説明力《せつめいりょく》・伝《つた》える力《ちから》

第《だい》3章《しょう》

五感《ごかん》を使《つか》って表現《ひょうげん》する

身《み》につく力《ちから》

表現力《ひょうげんりょく》・語《ご》い力《りょく》

第《だい》4章《しょう》

想像《そうぞう》をふくらませて文章《ぶんしょう》を書《か》く

身《み》につく力《ちから》

想像力《そうぞうりょく》・創造性《そうぞうせい》

第《だい》5章《しょう》

調《しら》べたことをまとめる

身《み》につく力《ちから》

調《しら》べる力《ちから》・情報整理力《じょうほうせいりりょく》

第《だい》6章《しょう》

自分《じぶん》の意見《いけん》を考《かんが》えて書《か》く

身《み》につく力《ちから》

構成力《こうせいりょく》・意見力《いけんりょく》

もくじ

第《だい》1章《しょう》 遊《あそ》びの広場《ひろば》

自分《じぶん》の気持《きも》ちを表現《ひょうげん》しよう！

第《だい》2章《しょう》 山《やま》のテレビ局《きょく》

身《み》の回《まわ》りのことを人《ひと》にしょうかいしよう！

第《だい》3章《しょう》 五感《ごかん》をきたえる迷路《めいろ》の塔《とう》

五感《ごかん》を使《つか》って言葉《ことば》をさがそう！

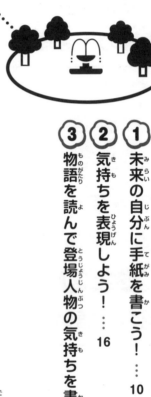

プロローグ

ある日《ひ》、苦手《にがて》な作文《さくぶん》の宿題《しゅくだい》でこまっていたゆめたくんは、「もうぼくにはムリだ！　えいやっ！」と言《い》って、窓《まど》から作文用紙《さくぶんようし》を投《な》げ捨《す》ててしまいました。

すると、作文《さくぶん》が鳥《とり》のようにバサバサと羽《は》ばたき出《だ》して、ゆめたくんを背中《せなか》にのせて、空《そら》に舞《ま》い上《あ》がっていきました。

エイッ

わーっ！　飛《と》んでる！
どこに行《い》くの！？
ホーホーホー。
鳥《とり》たちの住《す》む国《くに》にようこそ。
ここは、作文《さくぶん》が苦手《にがて》な子《こ》どもたちが迷《まよ》い込《こ》むふしぎな国《くに》。
わしはこの国《くに》に住《す》む作文博士《さくぶんはかせ》じゃ。
えー！
えー！
鳥《とり》たちの国《くに》？
ぼく、ちゃんと帰《かえ》れるの？

心配《しんぱい》ないぞ。わしがつくったミッションをクリアすれば、キミが住《す》んでいた世界《せかい》に戻《もど》ることができるぞ。

そして、さいごのミッションまで終《お》えるころには、キミも楽《たの》しく作文《さくぶん》が書《か》けるようになっているじゃろう。

え？　ジャーさん？肩《かた》にカケスが乗《の》っているけど、ジャーさんも鳥《とり》の国《くに》の人《ひと》なの？

わたしは書《か》くことが大好《だいす》きなの。だからカケスにおねがいして、鳥《とり》の国《くに》にいつでも遊《あそ》びに来《こ》られるようにしてもらったのよ。

そんなのムリだよ！だって、ぼく作文《さくぶん》がきらいなんだもん！

そう言《い》うと思《おも》っとったぞ。でも、大丈夫《だいじょうぶ》。ほら、そこにキミの味方《みかた》がおるじゃろ。

ではさっそく、1つめのミッションをはじめていくぞ。

う〜ん。なんだかふしぎなところだけど、とにかく帰《かえ》るにはミッションを終《お》わらせないといけないんだよね。じゃあ、行《い》ってみよう！

ゆめたくん、はじめまして。わたしはジャーさんよ。すべてのミッションで、ゆめたくんが楽《たの》しく作文《さくぶん》を書《か》けるようにヒントを送《おく》るわ。


みんなも、ゆめたくんといっしょに鳥《とり》たちの国《くに》へ“**作文**《さくぶん》のぼうけん”に出《で》かけましょう！

そうそう、えんぴつと消しゴムを忘《わす》れずに持《も》ってきてね。

それから、この本《ほん》では1から順番《じゅんばん》に取《と》り組《く》まなくても、自分《じぶん》が楽《たの》しくはじめられそうなページから、いっしょに旅《たび》をはじめてもOKだよ。

もし、ステージ3の**作文**用紙《さくぶんようし》に書《か》くワークはまだ難《むずか》しいなと感《かん》じたら、先《さき》にステージ1のワークやステージ2の穴埋《あなう》め**作文**《さくぶん》だけをどんどん終《お》わらせてもいいよ！

楽《たの》しい**作文**《さくぶん》の旅《たび》になるように工夫《くふう》して取《と》り組《く》んでみてね。

本書《ほんしょ》の使《つか》い方《かた》

この本《ほん》では、何《なに》も書《か》かれていない作文用紙《さくぶんようし》といきなり向《む》き合《あ》うのではなく、まずは、「手《て》を動《うご》かす」ことからはじめていきます。

それが文章《ぶんしょう》を書《か》くことではなくても、ハサミで紙《かみ》を切《き》ったり、のりで貼《は》ったり、イラストを描《か》いてみたり、そんなふうにまずは手《て》を動《うご》かしていくことで、次第《しだい》に文章《ぶんしょう》を書《か》く作業《さぎょう》にもスムーズに入《はい》れるようになります。

まず**ステージ1**で、楽《たの》しく書《か》く体験《たいけん》をしてみる。

次《つぎ》に**ステージ2**の穴埋《あなう》め作文《さくぶん》で、テーマに沿《そ》った作文《さくぶん》を書《か》くときの構成《こうせい》（流《なが》れ）をつくる。

そして**ステージ3**で実際《じっさい》に作文《さくぶん》を書《か》いてみる。

いきなり作文《さくぶん》を書《か》くのではなく、少《すこ》しずつステップアップしながら、より自然《しぜん》に楽《たの》しい気持《きも》ちで、お子様《こさま》に作文《さくぶん》と向《む》き合《あ》っていただけるよう、工夫《くふう》を凝《こ》らしています。

ぜひ、おうちで楽《たの》しく作文《さくぶん》の学習《がくしゅう》に取《と》り組《く》んでみてください。

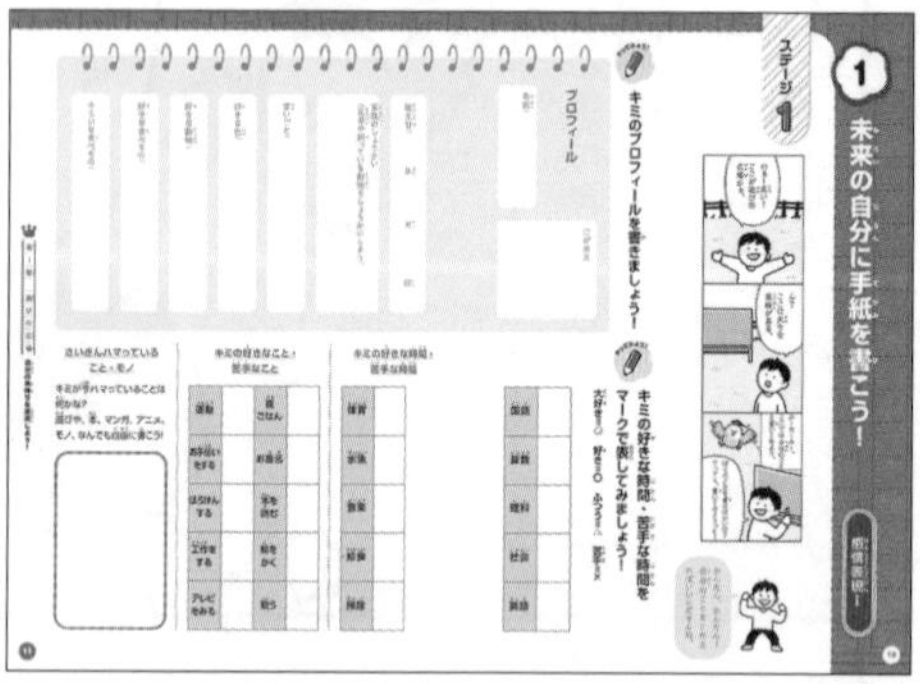

ステージ1

かんたんな工作《こうさく》で手《て》を動《うご》かしたり、自由《じゆう》に想像《そうぞう》してみたり、ここでは楽《たの》しみながら頭《あたま》に浮《う》かんできた言葉《ことば》を書《か》き出《だ》してみましょう。

↓

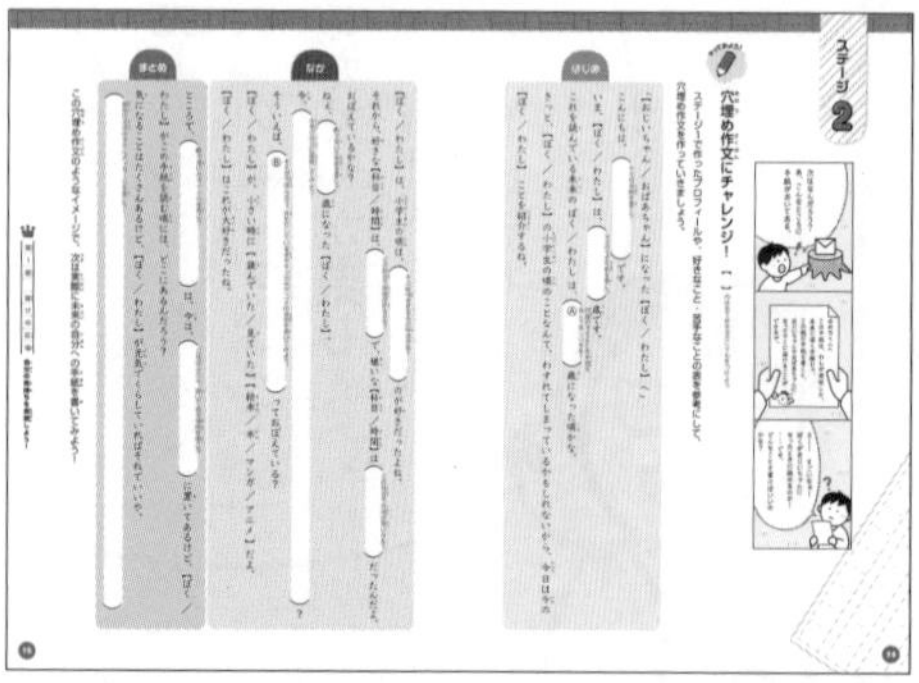

ステージ2

ステージ1で書《か》き出《だ》した情報《じょうほう》をもとに、文章《ぶんしょう》の穴埋《あなう》めをしながら、かんたんな作文《さくぶん》をつくってみましょう。

↓

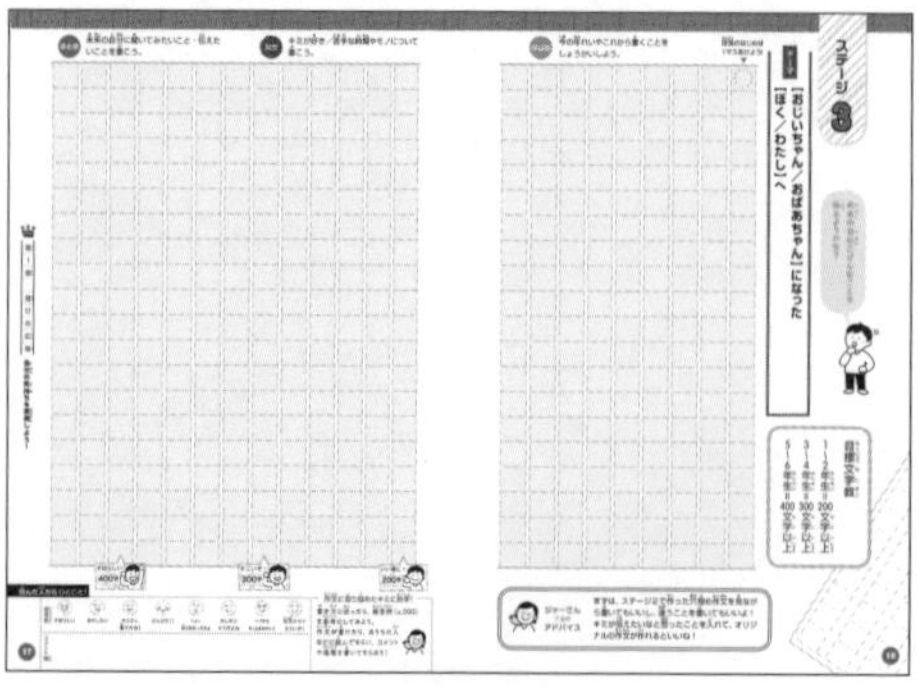

ステージ3

ステージ2でつくった穴埋《あなう》め作文《さくぶん》を参考《さんこう》に、はじめ・なか・まとめの構成《こうせい》を意識《いしき》しながら、作文《さくぶん》を書《か》いていきましょう。

原稿用紙《げんこうようし》に入《はい》りきらないときは、ノートなどにつづきを書《か》いてもOKです。

第《だい》1章《しょう》

遊《あそ》びの広場《ひろば》

この章《しょう》の目標《もくひょう》

自分《じぶん》の気持《きも》ちを表現《ひょうげん》しよう！

自分《じぶん》の気持《きも》ちを話《はな》すことができても、いざそれを作文《さくぶん》に書《か》こうと思《おも》うと手《て》が止《と》まってしまうということは多《おお》いもの。自分《じぶん》の感情《かんじょう》を文章《ぶんしょう》にするというのは意外《いがい》とむずかしいものです。
そこでこの章《しょう》では、工作《こうさく》ワークをしながら、自分《じぶん》の中《なか》にわいてきた感情《かんじょう》を文章《ぶんしょう》にするトレーニングをおこなっていきます。感情《かんじょう》を表情《ひょうじょう》のイラストで表《あらわ》してみたり、身近《みぢか》なことについて「好《す》き・きらい」を考《かんが》えたりしながら、気持《きも》ちについて考《かんが》える楽《たの》しさを学《まな》んでいきましょう！正《ただ》しい表現《ひょうげん》で文《ぶん》を書《か》いていくことよりも、まずは「自分《じぶん》の気持《きも》ちを見《み》つける」ことを大事《だいじ》にして取《と》り組《く》んでいきましょう。

1 未来《みらい》の自分《じぶん》に手紙《てがみ》を書《か》こう！

感情表現《かんじょうひょうげん》Ⅰ

ステージ1

わぁー広《ひろ》い！ ここが遊《あそ》びの広場《ひろば》かぁ。
ん？ ここに大《おお》きな黒板《こくばん》がある。
ホーホーホー。ここでは自分《じぶん》のことを書《か》いてみよう。
ぼくのことを書《か》けばいいの？ さっそく、書《か》いてみようっと！

かんたん、かんたん！ 自分《じぶん》のことをこたえればいいんだもんね。

やってみよう！

キミのプロフィールを書《か》きましょう！

プロフィール

名前《なまえ》：

にがおえ

やってみよう！

キミの好《す》きな時間《じかん》・苦手《にがて》な時間《じかん》をマークで表《あらわ》してみましょう！

大好《だいす》き＝◎　好《す》き＝○　ふつう＝△　苦手《にがて》＝×

国語《こくご》	
算数《さんすう》	
理科《りか》	
社会《しゃかい》	
英語《えいご》	

誕生日《たんじょうび》： 年《ねん》 月《がつ》 日《にち》

家族《かぞく》のしょうかい
（兄弟《きょうだい》や飼《か》っている動物《どうぶつ》もしょうかいしよう）

習《なら》いごと：

好《す》きな色《いろ》：

好《す》きな動物《どうぶつ》：

好《す》きな食《た》べもの：

きらいな食《た》べもの：

さいきんハマっていること・モノ

キミが今《いま》ハマっていることは何《なに》かな?
遊《あそ》びや、本《ほん》、マンガ、アニメ、モノ、なんでも自由《じゆう》に書《か》こう!

キミの好《す》きなこと・苦手《にがて》なこと

運動《うんどう》		夜《よる》ごはん	
お手伝《てつだ》いをする		お風呂《ふろ》	
ぼうけんする		本《ほん》を読《よ》む	
工作《こうさく》をする		絵《え》をかく	
テレビをみる		歌《うた》う	

キミの好《す》きな時間《じかん》・苦手《にがて》な時間《じかん》

体育《たいいく》	
水泳《すいえい》	
音楽《おんがく》	
給食《きゅうしょく》	
そうじ	

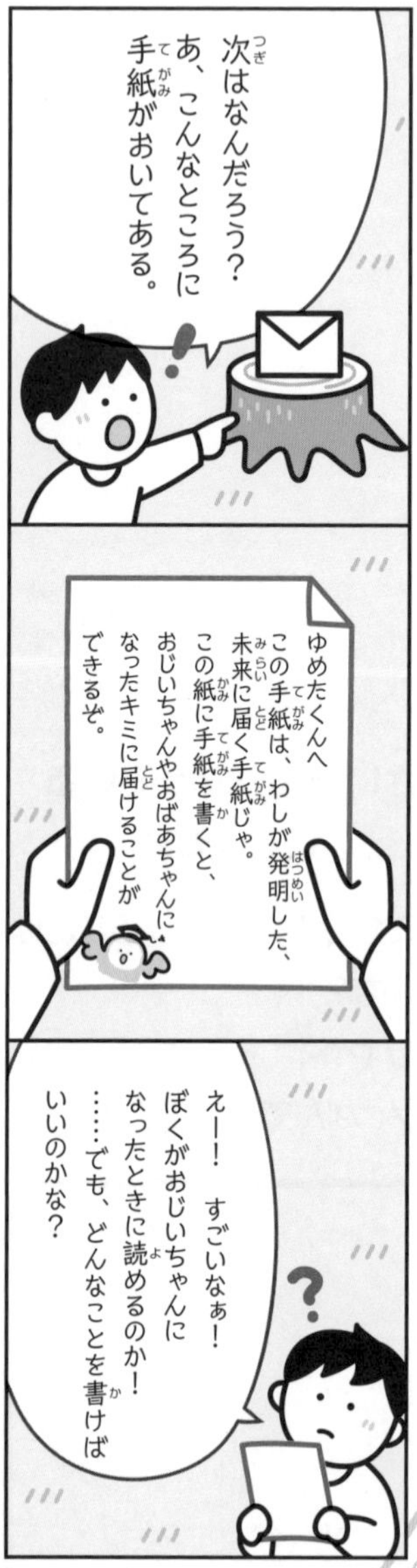

やってみよう!

穴埋《あなう》め作文《さくぶん》にチャレンジ!

【　】内《ない》はあてはまる方《ほう》にマルをつけよう

ステージ1でつくったプロフィールや、好《す》きなこと・苦手《にがて》なことの表《ひょう》を参考《さんこう》にして、穴埋《あなう》め作文《さくぶん》をつくっていきましょう。

はじめ

「【おじいちゃん／おばあちゃん】になった【ぼく／わたし】へ」

こんにちは。（キミの名前《なまえ》を書《か》こう）です。

いま、【ぼく／わたし】は、（キミの今《いま》の年《ねん》れいを書《か》こう）才《さい》です。

これを読《よ》んでいる未来《みらい》の【ぼく／わたし】は、（Ⓐ 何才《なんさい》のキミにこの手紙《てがみ》を読《よ》んでほしいかな?）才《さい》になったころかな。

きっと、【ぼく／わたし】の小学生《しょうがくせい》のころのことなんて、わすれてしまっているかもしれないから、今日《きょう》は今《いま》の【ぼく／わたし】のことをしょうかいするね。

なか

【ぼく／わたし】は、小学生《しょうがくせい》のころは、（キミは何《なに》をするのが好《す》きかな？）が好《す》きだったよね。

それから、好《す》きな【科目《かもく》／時間《じかん》】は、（どの科目《かもく》や時間《じかん》が好《す》きかな？）で、苦手《にがて》な【科目《かもく》／時間《じかん》】は（どの科目《かもく》や時間《じかん》が苦手《にがて》かな？）だったんだよ。

おぼえているかな？

ねえ、（Ⓐで書《か》いた年《ねん》れいを書《か》こう）才《さい》になった【ぼく／わたし】。

今《いま》は、（未来《みらい》の自分《じぶん》に質問《しつもん》してみよう！ (例《れい》)何《なに》をして毎日《まいにち》をすごしているのかな？）？

そういえば、（キミが今《いま》読《よ》んだり、見《み》たりしている本《ほん》やマンガやアニメの名前《なまえ》を書《か》いてみよう）っておぼえている？

【ぼく／わたし】が好《す》きな【絵本《えほん》／本《ほん》／マンガ／アニメ】だよ。

【ぼく／わたし】はこれが大好《だいす》きなんだ。

まとめ

未来《みらい》のぼくは、（未来《みらい》の自分《じぶん》に聞《き》いてみたいことを書《か》こう (例《れい》)どんなマンガや本《ほん》がお気《き》に入《い》りなのかな？）？

気《き》になることはたくさんあるけど、【ぼく／わたし】が元気《げんき》でくらしていればそれでいいや。

（さいごに未来《みらい》のキミにメッセージを書《か》こう！ (例《れい》)苦手《にがて》なブロッコリーもしっかり食《た》べて、これからももっと長生《ながい》きしてね！）

この穴埋《あなう》め作文《さくぶん》をもとにして、次《つぎ》は未来《みらい》の自分《じぶん》への手紙《てがみ》を書《か》いてみましょう！

ステージ3

テーマ

【おじいちゃん／おばあちゃん】になった【ぼく／わたし】へ

目標《もくひょう》文字数《もじすう》

1～2年生《ねんせい》＝200文字《もじ》以上《いじょう》
3～4年生《ねんせい》＝300文字《もじ》以上《いじょう》
5～6年生《ねんせい》＝400文字《もじ》以上《いじょう》

はじめ 今《いま》の年《ねん》れいやこれから書《か》くことをしょうかいしよう。

段落《だんらく》のはじめは1マスあけよう！

ジャーさんからのアドバイス

まずは、ステージ2でつくった穴埋《あなう》め作文《さくぶん》を見《み》ながら書《か》いてもいいし、ちがうことを書《か》いてもいいよ。この作文《さくぶん》を読《よ》む人《ひと》に伝《つた》えたいことを入《い》れて、どんどん書《か》いてみましょう！

なか キミが好《す》き／苦手《にがて》な時間《じかん》やモノについて書《か》こう。

まとめ 未来《みらい》の自分《じぶん》に聞《き》いてみたいこと・伝《つた》えたいことを書《か》こう。

いい感じ！
200字

すごいぞ！
300字

すばらしい！
400字

読《よ》んだ人《ひと》からひとこと!

感想欄《かんそうらん》：すばらしい／おもしろい／たくさん書《か》けたね！／感動《かんどう》!!／へぇ～知《し》らなかったなぁ／たしかにそうだよね／つづきをもっと読《よ》みたい!／作文《さくぶん》を書《か》けてえらいぞ！

コメント欄《らん》

作文《さくぶん》に取《と》り組《く》めたキミに拍手《はくしゅ》!

書《か》き方《かた》に迷《まよ》ったら、例文《れいぶん》を参考《さんこう》にしてみよう。
作文《さくぶん》が書《か》けたら、おうちの人《ひと》などに読《よ》んでもらい、コメントや感想《かんそう》を書《か》いてもらおう!

2 気《き》持《も》ちを表現《ひょうげん》しよう！

感情表現《かんじょうひょうげん》Ⅱ

ステージ1

ん？　なんだこれ？

足元《あしもと》にサイコロがころがっているぞ。

こっちの面《めん》は「たのしいな！」、こっちは「かなしい…。」こっちは「おこったぞ！」だって。これってなんの言葉《ことば》？

たのしいな!

おこったぞ!

それは、人《ひと》の気持《きも》ちや感情《かんじょう》の言葉《ことば》が書《か》かれているサイコロじゃ。

ここでは、いろいろな気持《きも》ちを表《あらわ》す言葉《ことば》を使《つか》って、文章《ぶんしょう》を書《か》いてみよう！


やってみよう！

工作《こうさく》ワーク

感情《かんじょう》の言葉《ことば》を表情《ひょうじょう》で表《あらわ》してみましょう！

まずは工作《こうさく》シート①を使《つか》って、感情《かんじょう》サイコロをつくってみよう！　サイコロをふって出《で》てきた言葉《ことば》に合《あ》った顔《かお》をかこう。

サイコロをつくらない場合《ばあい》は下《した》の表《ひょう》から、書《か》いてみたい感情《かんじょう》の言葉《ことば》をえらんで、その言葉《ことば》に合《あ》った顔《かお》を書《か》いてもOKだよ。

まゆげや目《め》、口《くち》の角度《かく》で、感情《かんじょう》が表現《ひょうげん》できそうだね。

感情《かんじょう》の言葉《ことば》

うれしいな！

たのしい！

かなしい……。

おこったぞ！

こわい！

びっくりした！

ジャーさんからのアドバイス

イメージがわかないときは、手《て》に鏡《かがみ》をもってみて、キミがうれしいときの顔《かお》、おこったときの顔《かお》をつくって、それを絵《え》にしてみてもいいわね。

やってみよう！

次《つぎ》のイラストに出《で》てくる子《こ》たちがどんな気《き》持《も》ちになっているか想像《そうぞう》して、ふきだしの中《なか》にセリフを書《か》きましょう！

こんどは、気《き》持《も》ちを想像《そうぞう》して言《こと》葉《ば》にするトレーニングじゃ。

ぼくも、この子《こ》たちになった気《き》持《も》ちで書《か》いてみよーっと！

(1)

ころんでしまったみたいだね。どんな気《き》持《も》ちになっているかな？

(2)

みんなにお祝《いわ》いをしてもらって、この子《こ》はどんな気《き》持《も》ちになっているかな？

(3)

人《ひと》の家《いえ》のガラスを割《わ》ってしまったようだね。この子《こ》はどんな気《き》持《も》ちになっているかな？

(4)

クマに出《で》会《あ》ってしまった！この子《こ》はどんな気《き》持《も》ちになっているかな？

気《き》持《も》ちを想像《そうぞう》できたら、次《つぎ》はキミ自身《じしん》のことを書《か》いてみましょう！

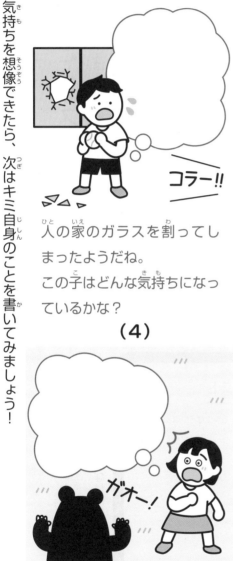

ステージ2

やってみよう！

キミのうれしいことリストとかなしいことリストをつくりましょう！

どんなときにキミはうれしいと感《かん》じるのか、書《か》いてみよう。

この表《ひょう》を見《み》れば、キミがどんなときにうれしくなるのか、どんなときにかなしくなるのかがすぐにわかりそうね。

うれしいことリスト

1・2年生《ねんせい》は3つ以上《いじょう》、3・4年生《ねんせい》は5つ以上《いじょう》、5・6年生《ねんせい》は7つ以上《いじょう》見《み》つけられるかな？

(例《れい》) 習《なら》いごとのダンスで上手《じょうず》におどれたとき、たこ焼《や》きを食《た》べているとき、終業式《しゅうぎょうしき》の日《ひ》　など

□
□
□
□
□
□
□

どんなときにキミはかなしいと感《かん》じるのか、書《か》いてみよう。

かなしいことリスト

1・2年生《ねんせい》は3つ以上《いじょう》、3・4年生《ねんせい》は5つ以上《いじょう》、5・6年生《ねんせい》は7つ以上《いじょう》見《み》つけられるかな？

(例《れい》) 大好《だいす》きなアニメが最終回《さいしゅうかい》のとき、おこられたとき、運動会《うんどうかい》の日《ひ》に雨《あめ》がふったとき　など

□
□
□
□
□
□
□

やってみよう！

穴埋《あなう》め作文《さくぶん》にチャレンジ！

【　】内《ない》はあてはまる方《ほう》にマルをつけよう

うれしいことリスト・かなしいことリストを参考《さんこう》にして、穴埋《あなう》め作文《さくぶん》をつくりましょう。

自分《じぶん》の気持《きも》ちかぁ。あんまり考《かんが》えたことないかも……。

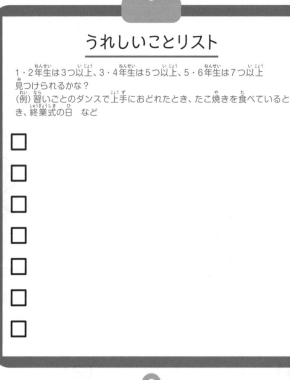

ジャーさんからのアドバイス

「どうしてそう感《かん》じるのか」という理由《りゆう》が思《おも》いうかぶものをえらぶと、書《か》きやすいよ！

穴埋《あなう》め作文《さくぶん》を書《か》きはじめる前《まえ》に、「うれしいことリスト」と「かなしいことリスト」の中《なか》から1つずつ、「とくにこれをしょうかいしたい！」というものをえらんでおきましょう。

ピックアップ

- とくにうれしいと感《かん》じるのは、（　　）です。
- とくにかなしいと感《かん》じるのは、（　　）です。

はじめ

今日《きょう》は、【ぼく／わたし】のうれしいときと、かなしいときをしょうかいしたいと思《おも》います。

なか

【ぼく／わたし】がうれしいと感《かん》じるときは、（ピックアップしたこたえを1つ書《か》こう！(例《れい》)ダンスが上手《じょうず》におどれたとき）です。

なぜかというと、（どうしてうれしいと感《かん》じたのかな？ (例《れい》)発表会《はっぴょうかい》で、上手《じょうず》にダンスがおどれて、見《み》に来《き》てくれたおじいちゃんやおばあちゃんもよろこんでくれたから）です。

また、【ぼく／わたし】がかなしいと感《かん》じるときは、（ピックアップしたこたえを1つ書《か》こう！(例《れい》)運動会《うんどうかい》の日《ひ》に雨《あめ》がふったとき）です。

なぜかというと（どうして、かなしいと感《かん》じたのかな？ (例《れい》)たくさんリレーの練習《れんしゅう》をしてきたのに、運動会《うんどうかい》が雨《あめ》で中止《ちゅうし》になって、練習《れんしゅう》のせいかが見《み》せられなくてガッカリするから）です。

まとめ

そして、今《いま》まであまり話《はな》したことはないのですが、じつは、（ここでは、きみがこれをやっていると、とても楽《たの》しい！と感《かん》じることを1つ書《か》いてみよう！ (例《れい》)雨《あめ》がやんだあとに、長《なが》ぐつをはいて外《そと》に出《で》て、水《みず》たまりの中《なか》をバシャバシャして遊《あそ》んでいる）ときが、さいこうに楽《たの》しいです。

そんな【ぼく／わたし】ですが、これからもどうぞよろしくおねがいします。

ステージ3

テーマ

【ぼく／わたし】のうれしいときかなしいとき

穴《あな》埋《う》め作文《さくぶん》ができたら、さいごのチャレンジだホー！ここまで書《か》いてきたことを作文《さくぶん》にまとめてみるのじゃ。

ぼくのうれしいときをしょうかいするよ！

目標《もくひょう》文字数《もじすう》

1～2年生《ねんせい》＝200文字《もじ》以上《いじょう》
3～4年生《ねんせい》＝300文字《もじ》以上《いじょう》
5～6年生《ねんせい》＝400文字《もじ》以上《いじょう》

はじめ　今《いま》から書《か》くテーマのしょうかいをしよう。

段落《だんらく》のはじめは1マスあけよう!

ジャーさんからのアドバイス

まずは、ステージ2でつくった穴埋《あなう》め作文《さくぶん》を見《み》ながら書《か》いてもいいし、ちがうことを書《か》いてもいいよ。この作文《さくぶん》を読《よ》む人《ひと》に伝《つた》えたいことを入《い》れて、どんどん書《か》いてみましょう！

なか うれしい／かなしいと感《かん》じるときのエピソードや、その理《り》由《ゆう》を具《ぐ》体《たい》的《てき》に書《か》こう。

まとめ 作《さく》文《ぶん》を読《よ》んでくれた人《ひと》に向《む》けて、キミからのメッセージを書《か》こう。

いい感じ！ 200字

すごいぞ！ 300字

すばらしい！ 400字

読《よ》んだ人《ひと》からひとこと！

感《かん》想《そう》欄《らん》

すばらしい　おもしろい　たくさん書《か》けたね！　感《かん》動《どう》!!　へぇ～知《し》らなかったなぁ　たしかにそうだよね　つづきをもっと読《よ》みたい！　作《さく》文《ぶん》を書《か》けてえらいぞ！

コメント欄《らん》

作《さく》文《ぶん》に取《と》り組《く》めたキミに拍《はく》手《しゅ》！

書《か》き方《かた》に迷《まよ》ったら、例《れい》文《ぶん》を参《さん》考《こう》にしてみよう。
作《さく》文《ぶん》が書《か》けたら、おうちの人《ひと》などに読《よ》んでもらい、コメントや感《かん》想《そう》を書《か》いてもらおう！

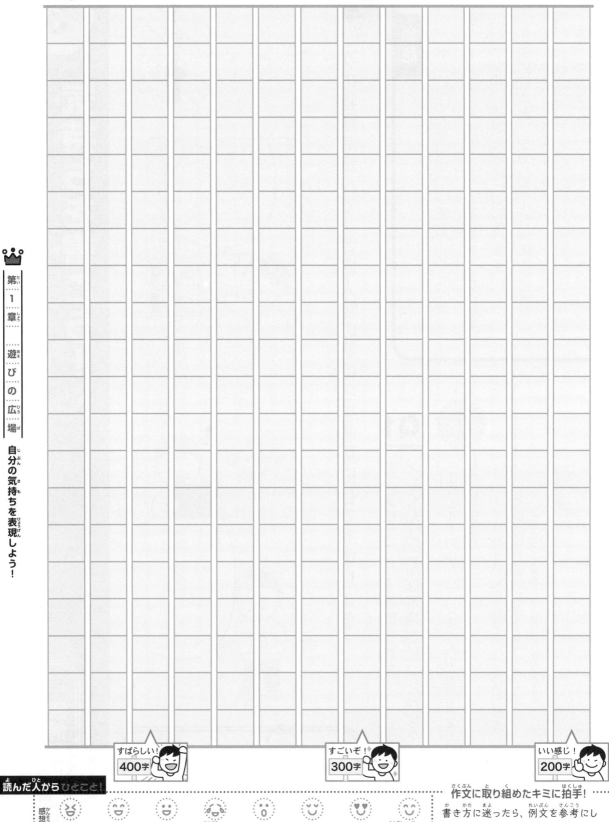

3 物語《ものがたり》を読《よ》んで登場人物《とうじょうじんぶつ》の気《き》持《も》ちを書《か》こう！

感情表現《かんじょうひょうげん》Ⅲ

ステージ1

あれ？遊《あそ》びの広場《ひろば》の中《なか》に、図書《としょ》コーナーがあるみたい。ちょっと行《い》ってみようっと！
ホーホーホー。今回《こんかい》は物語《ものがたり》を読《よ》んで、気《き》持《も》ちや感情《かんじょう》を書《か》くトレーニングじゃ。
え〜？なんだか国語《こくご》の問題《もんだい》みたい！そういうの苦手《にがて》なんだよなぁ。

ジャーさんからのアドバイス

まずは登場人物《とうじょうじんぶつ》の気持《きも》ちをイメージしながら読《よ》んでみよう。
1回目《かいめ》は普通《ふつう》に読《よ》んでみて、2回目《かいめ》はお話《はなし》を読《よ》んでいてキミが感《かん》じた気持《きも》ちをメモしながら読《よ》んでみるのもおすすめよ。

やってみよう！

次《つぎ》の物語《ものがたり》を読《よ》んで、登場人物《とうじょうじんぶつ》の気《き》持《も》ちを言葉《ことば》にしてみましょう。

＼はじまり、はじまり。／

物語《ものがたり》

ノキくんは犬《いぬ》を飼《か》っています。名前《なまえ》はポッキー。ノキくんはポッキーが大好《だいす》き。今日《きょう》は寒《さむ》い日《ひ》ですが、元気《げんき》に散歩《さんぽ》に出《で》かけます。
公園《こうえん》に行《い》くと、ジャングルジムにカラスがとまっていました。
「あ、カラスだ！」

Q1 カラスにマフラーを取《と》られたノキくんはどんな気《き》持《も》ちだったかな？

工作《こうさく》ワーク

工作《こうさく》シートの中《なか》から、ノキくんの気《き》持《も》ちに合《あ》う顔《かお》をえらんではりつけてみよう。

キミがえらんだ顔《かお》はどんな気《き》持《も》ちを表《あらわ》している顔《かお》かな？言葉《ことば》にして書《か》いてみよう。

(例《れい》)マフラーを取《と》られてしまって、こまったなあ。

（　　　　）

工作《こうさく》シート①

カラスはノキくんを見《み》ると、バサバサと飛《と》んできて、ノキくんが巻《ま》いていた赤《あか》いマフラーをくわえて、空《そら》に飛《と》んでいってしまいました。

「カラスにマフラーを取《と》られた！まってー！」

それを見《み》ていたポッキーも大《おお》きな声《こえ》で吠《ほ》えました。

「ワンワンワンワオーン！」

でも、カラスは空《そら》に飛《と》んでいってしまったので、ノキくんもポッキーも追《お》いかけられません。

「どうしよう。おばあちゃんにあんでもらった、ぼくのだいじなマフラーなのに……」

カラスはそのあと、どこに行《い》ったのでしょう。

（つづく）

Q2 それを見《み》ていた犬《いぬ》のポッキーはどんな気《き》持《も》ちだったかな？

工《こう》作《さく》ワーク

工作《こうさく》シートの中《なか》から、ノキくんの気《き》持《も》ちに合《あ》う顔《かお》をえらんではりつけてみよう。

工《こう》作《さく》シート ①

キミがえらんだ顔《かお》はどんな気《き》持《も》ちを表《あらわ》している顔《かお》かな？言《こと》葉《ば》にして書《か》いてみよう。

（例《れい》）カラスめ！　おこったぞ！

（　　　　　　）

Q3 ノキくんのマフラーを取《と》ったカラスはどんな気《き》持《も》ちだったかな？

工《こう》作《さく》ワーク

カラスの気《き》持《も》ちに合《あ》う顔《かお》をえらんではりつけてみよう。

工《こう》作《さく》シート ①

キミがえらんだ顔《かお》はどんな気《き》持《も》ちを表《あらわ》している顔《かお》かな？言《こと》葉《ば》にして書《か》いてみよう。

（例《れい》）あたたかいものが見《み》つかってうれしい。

（　　　　　　）

ノキくんのマフラーがカラスに取《と》られちゃったんだね。

みんなは、ノキくんとポッキーがどんな気《き》持《も》ちになったか、想《そう》像《ぞう》できたかな？

ノキくん、ポッキー、カラス、それぞれの気持《きも》ちを想《そう》像《ぞう》して書《か》けたかしら？
さて、このお話《はなし》、つづきはどうなったかな？

では、後半《こうはん》の文章《ぶんしょう》を読《よ》んでみましょう。

空《そら》に飛《と》んでいってしまったカラスを追《お》いかけられず、トボトボと家《いえ》に戻《もど》っていったノキくんとポッキー。

そのとき、ポッキーが「ワンワンワン！」ととつぜん吠《ほ》えはじめました。

なんと、ポッキーがさっきのカラスをノキくんの家《いえ》のうらの木《き》の下《した》で見《み》つけたのです。

「あ！　さっきのカラス！」

ノキくんはおどろきました。

こわれて地面《じめん》に落《お》ちてしまっている巣《す》の中《なか》にいる生《う》まれたてのヒ

さいごまでノキくんとポッキーの物語《ものがたり》を読《よ》めたら、物語《ものがたり》の中《なか》でどんな出来事《できごと》があったか、まとめてみるのじゃ。

やってみよう！

穴埋《あなう》め作文《さくぶん》にチャレンジ！

物語《ものがたり》の流《なが》れをまとめてみましょう。

ノキくんとポッキーが公園《こうえん》に散歩《さんぽ》に行《い》ったとき、

ノキくんとポッキーは、公園《こうえん》で何《なに》を見《み》たかな？

。

カラスはノキくんを見《み》ると、

カラスは何《なに》をしたかな？

。

ナたちに、さっきのカラスがノキくんのマフラーをかけてあげていたのです。

「なぁんだ、そういうことだったのか」

それを見《み》たノキくんは、ポッキーといっしょにもう一度《いちど》公園《こうえん》に戻《もど》りました。そこで枝《えだ》をたくさん拾《ひろ》って、新《あたら》しい巣《す》をつくってあげました。

「カラスさん、これで、あたたかい冬《ふゆ》をすごせるようになるよ」

カラス親子《おやこ》はおおよろこびで、ノキくんの手《て》づくりの巣《す》に入《はい》っていきました。

大《おお》きな羽《はね》をバサバサと広《ひろ》げて、まるで、「ありがとう」と言《い》っているようでした。

そのあと、ポッキーがノキくんの家《いえ》のうらで、カラスを見《み》つけた。

そのカラスは、

（ノキくんの家《いえ》のうらの木《き》の下《した》にいたカラスは、何《なに》をしていたかな？）

。

さいごに、ノキくんはポッキーといっしょに公園《こうえん》に戻《もど》り、

（カラスのためにノキくんとポッキーは何《なに》をしていたかな？）

。

物語《ものがたり》の中《なか》で起《お》こった出来事《できごと》を、順番《じゅんばん》に整理《せいり》してまとめられたかな？

ステージ2

やってみよう!

穴《あな》埋《う》め作文《さくぶん》にチャレンジ!

ノキくん、ポッキー、カラスの気持《きも》ちを、今度《こんど》は文章《ぶんしょう》で書《か》いてみましょう。

【 】内《ない》はあてはまる方《ほう》にマルをつけよう

物語《ものがたり》を読《よ》んでいくうちに、キミの気持《きも》ちはどう変《か》わっていったかな? 今度《こんど》はキミの気持《きも》ちを書《か》いてみるのじゃ。

【ぼく/わたし】は、この物語《ものがたり》を読《よ》んで、さいしょは、

（キミが物語《ものがたり》を前半《ぜんはん》まで読《よ》んで感《かん》じた気持《きも》ちを書《か》こう　(例《れい》)ノキくんがかわいそうだな）

と思《おも》いました。

それは、

（どうして、キミはそんな気持《きも》ちになったのかな?　そう思《おも》った理由《りゆう》を書《か》いてみよう　(例《れい》)おばあちゃんがあんでくれた大事《だいじ》なマフラーをとつぜんカラスに取《と》られてしまった）

からです。

主人公《しゅじんこう》のノキくんも、さいしょはマフラーを取《と》ったカラスに対《たい》して、

（ノキくんはさいしょはどんな気持《きも》ちだったかな?　キミの想像《そうぞう》で書《か》いてみよう　(例《れい》)かなしい気持《きも》ち）

だったと思《おも》いますが、

さいごは、

（物語《ものがたり》を読《よ》み進《すす》めていくうちに、ノキくんの気持《きも》ちはどう変化《へんか》していったかな?　キミの想像《そうぞう》で書《か》いてみよう　(例《れい》)カラスもかわいそうだったんだな）

という気持《きも》ちに変《か》わったのではないかと思《おも》いました。

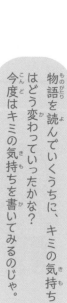

それは、（ノキくんはどうして、さいしょとさいごで気持《きも》ちが変《か》わったのかな？　その理由《りゆう》を考《かんが》えて書《か》いてみよう　(例《れい》)カラスはヒナを守《まも》るためにマフラーが必要《ひつよう》だったことがわかったから）です。

【ぼく／わたし】も、さいしょは、（さいしょはキミはどんな気持《きも》ちだったか、もう一度《いちど》書《か》いてみよう！　(例《れい》)カラスがいじわるだ）と思《おも》いました。

でも、物語《ものがたり》をさいごまで読《よ》んで、（この物語《ものがたり》を読《よ》んでキミが感《かん》じたこと、思《おも》ったことを自由《じゆう》に書《か》いてみよう。　(例《れい》)カラスもヒナを守《まも》るためにいっしょうけんめいだったんだな。わたしもノキくんと同《おな》じようにカラスを助《たす》けてあげたいな）と思《おも》いました。

みんなも、たくさん「気持《きも》ち」や「感情《かんじょう》」の言葉《ことば》を書《か》くことができたかな？あまり「気持《きも》ち」を書《か》いたことがなかったけど、たくさん気持《きも》ちが書《か》けた！というキミに拍手《はくしゅ》！

ステージ3

テーマ　ノキくんとポッキーとカラスの物語《ものがたり》を読《よ》んで

目標《もくひょう》文字数《もじすう》
1〜2年生《ねんせい》＝200文字以上《もじいじょう》
3〜4年生《ねんせい》＝300文字以上《もじいじょう》
5〜6年生《ねんせい》＝400文字以上《もじいじょう》

はじめ　この物語《ものがたり》を途中《とちゅう》まで読《よ》んだとき、キミはどう思《おも》ったかを書《か》いてみよう。

段落《だんらく》のはじめは1マスあけよう！

ジャーさんからのアドバイス
まずは、ステージ1・2でつくった穴埋《あなう》め作文《さくぶん》を見《み》ながら書《か》いてもいいし、ちがうことを書《か》いてもいいよ。この作文《さくぶん》を読《よ》む人《ひと》に伝《つた》えたいことを入《い》れて、どんどん書《か》いてみましょう！

なか 物語《ものがたり》の中《なか》ではどんなことが起《お》こったかな？　また、ノキくんたちの気持《き　も》ちに変化《へんか》はあったかな？

まとめ さいごまで物語《ものがたり》を読《よ》んでキミの気持《き　も》ちはどう変《か》わっていったか、その理由《りゆう》とあわせて書《か》こう。

すばらしい！
400字

すごいぞ！
300字

いい感じ！
200字

読《よ》んだ人《ひと》からひとこと！

感想欄《かんそうらん》

すばらしい	おもしろい	たくさん書《か》けたね！	感動《かんどう》！！	へぇ～知《し》らなかったなぁ	たしかにそうだよね	つづきをもっと読《よ》みたい！	作文《さくぶん》を書《か》けてえらいぞ！

コメント欄《らん》

作文《さくぶん》に取《と》り組《く》めたキミに拍手《はくしゅ》！

書《か》き方《かた》に迷《まよ》ったら、例文《れいぶん》を参考《さんこう》にしてみよう。
作文《さくぶん》が書《か》けたら、おうちの人《ひと》などに読《よ》んでもらい、コメントや感想《かんそう》を書《か》いてもらおう！

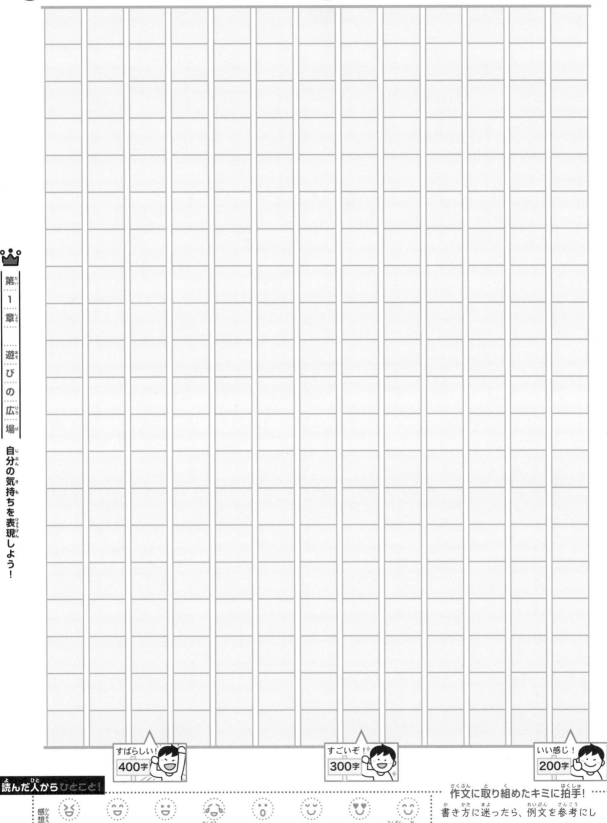

第《だい》 2 章《しょう》

山《やま》のテレビ局《きょく》

この章《しょう》の目標《もくひょう》

身《み》の回《まわ》りのことを人《ひと》にしょうかいしよう！

この章《しょう》では、家《いえ》の説明《せつめい》や好《す》きなことランキングなど、身《み》の回《まわ》りのことをテーマに、作文《さくぶん》を書《か》きます。自分《じぶん》にとって身近《みぢか》なことをテーマにすることで、「何《なに》を書《か》けばいいか」がイメージしやすくなります。また、文章《ぶんしょう》を書《か》く前《まえ》に、「この情報《じょうほう》はだれに伝《つた》えたいか」を考《かんが》えると、さらに書《か》きやすくなります。たとえば、「クラスの友《とも》だちに知《し》ってほしい」「おばあちゃんにこの情報《じょうほう》をおしえたい」などのように、伝《つた》えたい相手《あいて》をイメージしながら作文《さくぶん》を書《か》いてみましょう！

1 キミの家《いえ》をしょうかいしよう！

ステージ1

紹介文《しょうかいぶん》Ⅰ

ここはなんだろう？テレビ局《きょく》みたいだけど……
コケコッコー！ここは山《やま》のテレビ局《きょく》よ！ちょうど、明日《あした》の昼《ひる》から放送《ほうそう》される番組《ばんぐみ》に出《で》てくれる人《ひと》をさがしていたところなの！あなたの家《いえ》のことをしょうかいしてもらえないかしら？
え？ ぼくの家《いえ》？カメラの前《まえ》でちゃんとしょうかいできるかなぁ？
大丈夫《だいじょうぶ》よ！人間《にんげん》の家《いえ》をしょうかいできるなんて、楽《たの》しみだわ！

ゆめたくん、テレビ局《きょく》に取材《しゅざい》されることになったのね。みんなもゆめたくんといっしょに、自分《じぶん》の家《いえ》をしょうかいしてみましょう！

やってみよう！

インタビューを受《う》ける前《まえ》に、まずは家《いえ》の間取《まど》り図《ず》をつくっておきましょう。
間取《まど》り図《ず》とは、家《いえ》の中《なか》を図《ず》で書《か》いたときに、どの位置《いち》にお風呂《ふろ》や台所《だいどころ》があるかを記《しる》したもののこと。

ジャーさんからのアドバイス

手順《てじゅん》1　キミの家《いえ》を上《うえ》からながめたイメージで、げんかんから入《はい》って、どっちにどんな部屋《へや》があるか書《か》いてみましょう。
手順《てじゅん》2　工作《こうさく》シート②から、その部屋《へや》にある家電《かでん》や家具《かぐ》のイラストを切《き》り抜《ぬ》いて、のりではってみましょう。もちろん、イラストを使《つか》わずに自分《じぶん》で書《か》き込《こ》んでもOKだよ！

工作《こうさく》ワーク

間取《まど》り図《ず》

工作《こうさく》シート②を使《つか》って間取《まど》り図《ず》をつくろう。

例《れい》

キッチン
TV
リビング
げんかん
トイレ
お風呂《ふろ》
寝《ね》る部屋《へや》

やってみよう！

枠《わく》の中《なか》にキミのこたえを書《か》いて、キミの家《いえ》のプロフィールをつくりましょう！

じゅんびはできたかしら？さっそくインタビューをはじめましょう！まずはあなたのおうちの情報《じょうほう》からおしえてくださいね。

おうちプロフィール

①キミが、この家《いえ》に住《す》み始《はじ》めてどれくらいかな？
細《こま》かくおぼえていない場合《ばあい》は、○年《ねん》くらい、というこたえ方《かた》でもいいよ。

②学校《がっこう》から帰《かえ》ってきて、キミがいつもいる部屋《へや》はどこ？　そこで何《なに》をしているかな？
(例《れい》)リビングでテレビをみたり宿題《しゅくだい》をしたりしています。

③この家《いえ》の中《なか》でキミが好《す》きな場所《ばしょ》はどこかな？
(例《れい》)台所《だいどころ》

④それはどうして？
(例《れい》)いつもおいしそうなにおいがしてくるのと、冷蔵庫《れいぞうこ》にはジュースやアイスなどの好《す》きなものが入《はい》っているからです。

⑤この家《いえ》の中《なか》で苦手《にがて》な場所《ばしょ》はあるかな？
(例《れい》)2階《かい》に行《い》く階段《かいだん》

⑥それはどうして？
(例《れい》)くらくて、夜一人《よるひとり》で歩《ある》くのがこわいからです。

⑦家《いえ》をもっとよくするためにお金《かね》がもらえたら、この家《いえ》にどんなものを置《お》きたい？
または、もっとこんなふうに家《いえ》を変《か》えたい！という希望《きぼう》はあるかな？

家具《かぐ》や家電《かでん》でほしいものを考《かんが》えても、部屋《へや》をふやしたい、小屋《こや》をつくりたいなどなんでもいいよ！　(例《れい》)おそうじロボットを買《か》って、自分《じぶん》の部屋《へや》を毎日《まいにち》きれいにしてほしいです。

⑧どうして、そう思《おも》ったの？
どうして、そんなアイディアがうかんだのか、その理由《りゆう》をおしえてね。何《なに》がきっかけだったかな？

(例《れい》)いつもお母《かあ》さんに部屋《へや》をキレイにしなさい！と言《い》われるけど、おそうじロボットがあれば、遊《あそ》んで帰《かえ》ってきても部屋《へや》がキレイになっていると思《おも》うから。

なんとかインタビューにこたえられたぞ！

みんなもインタビューにこたえて書《か》けたかな？

ステージ2

やってみよう!

穴埋《あなう》め作文《さくぶん》にチャレンジ!

【　】内《ない》はあてはまる方《ほう》にマルをつけよう

ステージ1でつくったおうちプロフィールをもとに、穴埋《あなう》め作文《さくぶん》をつくってみましょう。

はじめ

今日《きょう》は【ぼく／わたし】の家《いえ》をしょうかいします。この家《いえ》に（この家《いえ》に住《す》んでいる期間《きかん》を書《か》こう!）住《す》んでいます。

【ぼく／わたし】の家《いえ》には、部屋《へや》は（間取《まど》り図《ず》で書《か》いた部屋《へや》の数《かず》を数《かぞ》えてみよう!）つあります。

学校《がっこう》から帰《かえ》ったあと、いつも【ぼく／わたし】がいる部屋《へや》は、（キミが学校《がっこう》から帰《かえ》ったあとに、よくいる場所《ばしょ》はどこかな?）です。

ここで、（いつもこの部屋《へや》でしていることを書《か》いてみよう　(例《れい》)テレビをみたり、宿題《しゅくだい》をしたりしています

）。

なか

【ぼく／わたし】がこの家《いえ》で気《き》に入《い》っている場所《ばしょ》は、（キミが気《き》に入《い》っている場所《ばしょ》はどこかな?　(例《れい》)台所《だいどころ》）です。

どうしてかというと、（気《き》に入《い》っている理由《りゆう》を書《か》こう!　(例《れい》)夕飯《ゆうはん》の時間《じかん》になると、とてもおいしそうなにおいがしてくる

まとめ

反対《はんたい》に、【ぼく／わたし】がこの家《いえ》で苦手《にがて》な場所《ばしょ》は、（キミがちょっと嫌《いや》だなと感《かん》じる場所《ばしょ》はどこかな？　(例《れい》)２階《かい》に行《い》く階段《かいだん》）です。

どうしてかというと、（苦手《にがて》だと思《おも》った理由《りゆう》を書《か》こう！　(例《れい》)夜《よる》になるとくらくてこわいと感《かん》じる）（　　）からです。

（　　）からです。

もし、【ぼく／わたし】が、家《いえ》をもっとよくするためにお金《かね》をもらったら、（キミがほしいものや家《いえ》をこんなふうに変《か》えてみたいということを自由《じゆう》に書《か》こう！　(例《れい》)おそうじロボットを買《か》って、わたしの部屋《へや》やみんなの部屋《へや》をキレイにしてもらいたいです）（　　）。

【でも／だから】、（このあとの文章《ぶんしょう》に合《あ》わせてどちらか合《あ》う方《かた》をえらんでマルをつけよう！）

【ぼく／わたし】は、（キミの家《いえ》に対《たい》する思《おも》いやキミの気持《きも》ちを書《か》いてみよう　(例《れい》)今《いま》のままでも、楽《たの》しくすごせているのでこの家《いえ》が大好《だいす》きです）（　　）。

穴埋《あなう》め作文《さくぶん》ができたら、次《つぎ》はいよいよ作文《さくぶん》にまとめて、カメラの前《まえ》で話《はな》すセリフをつくっていきましょう。

ステージ3

テーマ

ぼく／わたしの家《いえ》をしょうかい！

ぼくの家《いえ》で気《き》に入《い》っている場所《ばしょ》を教《おし》えちゃうぞ！

目標文字数《もくひょうもじすう》

1〜2年生《ねんせい》＝200文字《もじ》以上《いじょう》
3〜4年生《ねんせい》＝300文字《もじ》以上《いじょう》
5〜6年生《ねんせい》＝400文字《もじ》以上《いじょう》

はじめ　キミの家《いえ》について、どんな家《いえ》かが伝《つた》わるように書《か》こう。

段落《だんらく》のはじめは1マスあけよう！

ジャーさんからのアドバイス

まずは、ステージ2でつくった穴埋《あなう》め作文《さくぶん》を見《み》ながら書《か》いてもいいし、ちがうことを書《か》いてもいいよ。この作文《さくぶん》を読《よ》む人《ひと》に伝《つた》えたいことを入《い》れて、どんどん書《か》いてみましょう！

なか キミの家《いえ》の中《なか》で気《き》に入《い》っている場所《ばしょ》や苦手《にがて》な場所《ばしょ》について書《か》こう。

まとめ キミの家《いえ》のことをどう思《おも》っているかや、家《いえ》をもっとこんなふうにしてみたい！ということを書《か》こう。

読《よ》んだ人《ひと》からひとこと！

感想欄《かんそうらん》：すばらしい　おもしろい　たくさん書《か》けたね！　感動《かんどう》！！　へぇ～知《し》らなかったなぁ　たしかにそうだよね　つづきをもっと読《よ》みたい！　作文《さくぶん》を書《か》けてえらいぞ！

コメント欄《らん》

作文《さくぶん》に取《と》り組《く》めたキミに拍手《はくしゅ》！

書《か》き方《かた》に迷《まよ》ったら、例文《れいぶん》を参考《さんこう》にしてみよう。

作文《さくぶん》が書《か》けたら、おうちの人《ひと》などに読《よ》んでもらい、コメントや感想《かんそう》を書《か》いてもらおう！

2 身近《みぢか》な人《ひと》にインタビュー！

紹介文《しょうかいぶん》Ⅱ

ステージ1

なんとか、作文《さくぶん》を見《み》ながらぼくの家《いえ》のことをしょうかいできたよ！
あ！ ここにいたのね、ゆめたくん！
この前《まえ》のインタビューが好評《こうひょう》でね、テレビ局《きょく》の社長《しゃちょう》が、今度《こんど》はインタビュアーをおねがいしたいんですって。
ええ！ そんなの無理《むり》だよ～！
さぁ、さっそく取材《しゅざい》に行《い》くわよー！

やってみよう！

キミもインタビュアーになって、おうちの人《ひと》や近所《きんじょ》の人《ひと》に話《はなし》を聞《き》きに行《い》きましょう！

書《か》くスペースが足《た》りないときは、メモやノートに書《か》きましょう。

ステップ1

まずはだれに話《はなし》を聞こうかな？

今日《きょう》は、（　　　　　　　　）にインタビューするよ。

おうちの人《ひと》や、近所《きんじょ》の人《ひと》でもだれでもいいよ。まずは聞《き》きやすい人《ひと》に声《こえ》をかけてみよう！

ステップ2

話《はなし》を聞《き》きたい人《ひと》を決《き》めたら、インタビュアーになりきって声《こえ》をかけてみよう！

すみません！ ちょっとお時間《じかん》よろしいですか？ 少《すこ》し、お話《はなし》を聞《き》かせてくれませんか？

ジャーさんからのアドバイス

インタビューをするときに大事《だいじ》なことは、話《はなし》を聞《き》いていて「これは知《し》らなかった！」「新《あたら》しい情報《じょうほう》だ！」ということをしっかりとメモに書《か》きとめることよ。さぁ、ペンとメモを持《も》って、いってらっしゃい！

工作《こうさく》ワーク

工作《こうさく》シート③を切《き》り取《と》って質問《しつもん》カードをつくり、その中《なか》から1枚《まい》カードを引《ひ》いてみよう。

相手《あいて》からOKをもらったら、質問《しつもん》カードの出番《でばん》ね。質問《しつもん》カードは、相手《あいて》に引《ひ》いてもらっても、自分《じぶん》でえらんでもどちらでもOKよ。

ステップ3

引《ひ》いたカードに書《か》いてある質問《しつもん》を書《か》こう。

（例《れい》）小学生《しょうがくせい》のとき、どんな遊《あそ》びが好《す》きでしたか？

（　　　　）

引《ひ》いたカードに書《か》いてある質問《しつもん》をして、相手《あいて》のこたえを書《か》こう。

（例《れい》）図書室《としょしつ》で好《す》きな本《ほん》を探《さが》すのが好《す》きだった。

（　　　　）

ステップ4

その理由《りゆう》を聞《き》いて、相手《あいて》のこたえを書《か》こう。

それはね、（　　　　）

（例《れい》）本《ほん》を読《よ》むことが好《す》きだったし、友《とも》だちと遊《あそ》ぶのも楽《たの》しいけど、一人《ひとり》でいる時間《じかん》も好《す》きだったから。

ステップ5

そのことで思《おも》い出《で》にのこっているエピソードを聞《き》いてみよう！
エピソードを聞《き》き出《だ》せたら、相手《あいて》がこたえてくれた内容《ないよう》を書《か》こう。

（例《れい》）お昼休《ひるやす》みの時間《じかん》に、よく図書室《としょしつ》に行《い》っていた。だれにも気《き》づかれないように学校《がっこう》の中庭《なかにわ》を走《はし》って抜《ぬ》けて、図書室《としょしつ》にたどりつくというルールをつくって、楽《たの》しんでいた。
お気《き》に入《い》りの本《ほん》はクマの子《こ》がぼうけんする本《ほん》のシリーズ。

（　　　　）

できれば、もう一回《いっかい》ほかの人《ひと》にもインタビューしてみて、書《か》きたいと思《おも》った方《ほう》でつくっていこう！

インタビューした話《はなし》のうち、どのお話《はなし》を作文《さくぶん》にしてみたいと思《おも》ったかな？

キミが一番《いちばん》、「ビックリした」「おもしろい！」「だれかに伝《つた》えたい！」と心《こころ》が動《うご》いた話《はなし》をえらびましょう。

ピックアップ

（　　　　　　　　）に聞《き》いた話《はなし》を書《か》くよ！


よし！ぼくは、この話《はなし》に決《き》めた！

まずは穴埋《あなう》め作文《さくぶん》をつくるよ。

やってみよう！

穴埋《あなう》め作文《さくぶん》にチャレンジ！

【　】内《ない》はあてはまる方《ほう》にマルをつけよう

ステージ1のインタビューで聞《き》けた内容《ないよう》を、穴埋《あなう》め作文《さくぶん》にまとめていきましょう。

はじめ

【ぼく／わたし】は、（キミがインタビューした人《ひと》はだれかな？）から、

（質問《しつもん》カードの内容《ないよう》を書《か》こう！（例《れい》）小学生《しょうがくせい》のときに好《す》きだった遊《あそ》び）の話《はなし》を聞《き》きました。

その中《なか》で、とくに（その話《はなし》を聞《き》いて、どんな気持《きも》ちになったかな？（例《れい》）びっくりした・感動《かんどう》した　など）のは、

（今《いま》から書《か》くことは、なんのお話《はなし》かな？（例《れい》）小学校《しょうがっこう》のお昼休《ひるやす》みの時間《じかん》）の話《はなし》でした。

なか

（キミがインタビューした人《ひと》はだれかな？）は、（これはいつの話《はなし》かな？ (例《れい》)小学生《しょうがくせい》のとき）、

（そのとき、なにをしたと言《い》っていたかな？ (例《れい》)お昼休《ひるやす》みになると、学校《がっこう》の中庭《なかにわ》を走《はし》って、だれにも気《き》づかれないように図書室《としょしつ》に行《い》っていた）そうです。

なぜかというと、（インタビューして聞《き》けた理由《りゆう》を書《か》こう！ (例《れい》)友《とも》だちと遊《あそ》ぶのも楽《たの》しいけど、一人《ひとり》の時間《じかん》も好《す》きで、本《ほん》も好《す》きだったからだ）そうです。

【ぼく／わたし】はそれを聞《き》いて、（キミは、この話《はなし》を聞《き》いたときどう思《おも》ったかな？ (例《れい》)お昼休《ひるやす》みに一人《ひとり》でいるなんてさびしくないのかな）と思《おも》いました。

もし、【ぼく／わたし】だったら、（キミだったらどうだったかな？ キミの考《かんが》えを書《か》こう。 (例《れい》)友《とも》だちと校庭《こうてい》でサッカーをする方《ほう》が楽《たの》しい）と思《おも》います。

でも、（キミがインタビューした人《ひと》を書《か》こう！）は、（ここにインタビューした人《ひと》のセリフで気《き》になったこと・心《こころ》にのこったことをカギカッコを使《つか》って書《か》いてみよう！ (例《れい》)「一人《ひとり》で大《おお》きな本《ほん》だなにかこまれながら本《ほん》を読《よ》んでいると、自分《じぶん》だけのとくべつな時間《じかん》のようでワクワクした」）とおしえてくれました。

まとめ

【ぼく／わたし】は、（この話《はなし》を聞《き》いて、キミが考《かんが》えたことや思《おも》ったことを自由《じゆう》に書《か》いてみよう (例《れい》)こんどのお昼休《ひるやす》みに、一人《ひとり》で図書室《としょしつ》に行《い》って好《す》きな本《ほん》をさがしてみようかな）

（　　　　）と思《おも》いました。

穴埋《あなう》め作文《さくぶん》にできたよ！

おめでとう！ではさいごは、作文《さくぶん》にチャレンジね！

ステージ3

テーマ

○○さんにインタビューして聞《き》いたこと

目標《もくひょう》文字数《もじすう》

1～2年生《ねんせい》＝200文字《もじ》以上《いじょう》
3～4年生《ねんせい》＝300文字《もじ》以上《いじょう》
5～6年生《ねんせい》＝400文字《もじ》以上《いじょう》

はじめ まずはだれにどんな話《はなし》を聞《き》いたかを書《か》こう。
また、とくにキミが気《き》になった話《はなし》を書《か》いてみよう。

段落《だんらく》のはじめは1マスあけよう！

ジャーさんからのアドバイス

まずは、ステージ2でつくった穴埋《あなう》め作文《さくぶん》を見《み》ながら書《か》いてもいいし、ちがうことを書《か》いてもいいよ。この作文《さくぶん》を読《よ》む人《ひと》に伝《つた》えたいことを入《い》れて、どんどん書《か》いてみましょう！

なか インタビューで聞《き》けた話《はなし》を、くわしく説明《せつめい》してみよう。印象的《いんしょうてき》だったセリフを入れてもいいよ。

まとめ この話《はなし》を聞《き》いて、キミはどう思《おも》ったかな？キミの考《かんが》えや思《おも》いをまとめてみよう。

いい感じ！ 200字

すごいぞ！ 300字

すばらしい！ 400字

読《よ》んだ人《ひと》からひとこと！

感想欄《かんそうらん》

すばらしい　おもしろい　たくさん書《か》けたね！　感動《かんどう》!!　へぇ〜知《し》らなかったなぁ　たしかにそうだよね　つづきをもっと読《よ》みたい!　作文《さくぶん》を書《か》けてえらいぞ！

コメント欄《らん》

作文《さくぶん》に取《と》り組《く》めたキミに拍手《はくしゅ》!

書《か》き方《かた》に迷《まよ》ったら、例文《れいぶん》を参考《さんこう》にしてみよう。
作文《さくぶん》が書《か》けたら、おうちの人《ひと》などに読《よ》んでもらい、コメントや感想《かんそう》を書《か》いてもらおう！

3 ランキング作文《さくぶん》をつくろう！

紹介文《しょうかいぶん》Ⅲ

ステージ1

ゆめたくん、人気者《にんきもの》になってよかったわね！今回《こんかい》はランキング作文《さくぶん》がテーマね。まずは、何《なに》をテーマにするかを考《かんが》えましょう！

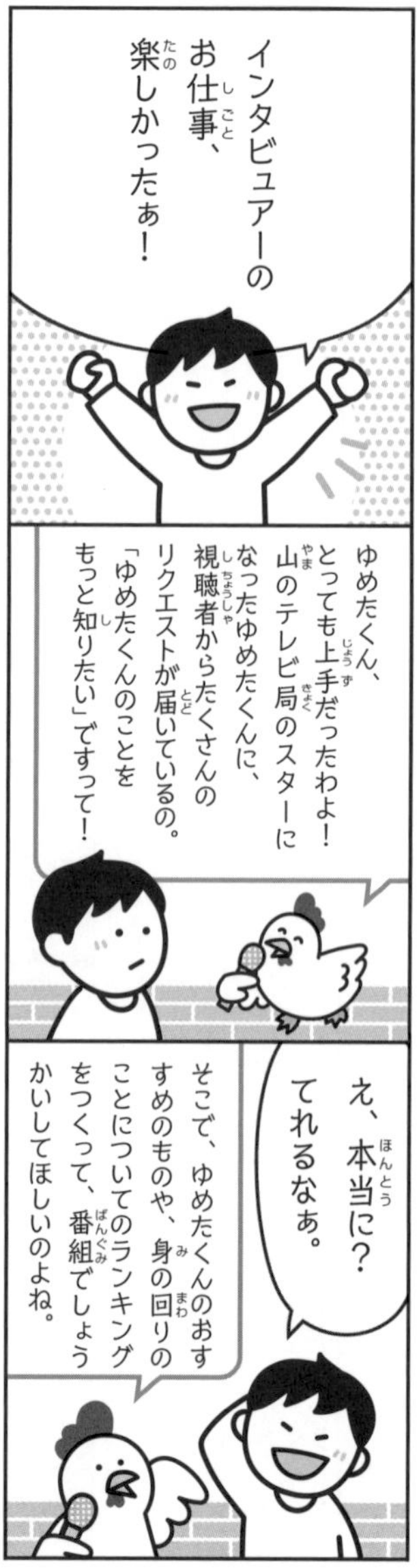

インタビュアーのお仕事《しごと》、楽《たの》しかったぁ！
ゆめたくん、とっても上手《じょうず》だったわよ！山《やま》のテレビ局《きょく》のスターになったゆめたくんに、視聴者《しちょうしゃ》からたくさんのリクエストが届《とど》いているの。「ゆめたくんのことをもっと知《し》りたい」ですって！
え、本当《ほんとう》に？てれるなぁ。
そこで、ゆめたくんのおすすめのものや、身《み》の回《まわ》りのことについてのランキングをつくって、番組《ばんぐみ》でしょうかいしてほしいのよね。

まずは、ランキングのテーマを決《き》めましょう。
次《つぎ》のリストを参考《さんこう》にしてテーマを決《き》めても、キミのアイディアでテーマを決《き》めてももちろんOKだよ！

自分《じぶん》の好《す》きなことやお気《き》に入《い》りをしょうかいしたいキミへ

テーマリスト

◎マンガ
◎アニメ
◎本《ほん》（小説《しょうせつ》や図鑑《ずかん》）
◎番組《ばんぐみ》
◎曲名《きょくめい》または歌手《かしゅ》（アーティスト）
◎スポーツ

身《み》の回《まわ》りのことをランキングにしたいキミへ

テーマリスト

◎家《いえ》に帰《かえ》ってからすること
◎お母《かあ》さん／お父《とう》さん／先生《せんせい》のログセ
◎学校《がっこう》の中《なか》のこわい場所《ばしょ》
◎小学生《しょうがくせい》が遊《あそ》ぶのにおすすめの場所《ばしょ》

テーマが決《き》まったぞ！ランキングつくってみようっと！

やってみよう！

テーマを決《き》めたら、1〜5位《い》までのランキング表《ひょう》をつくってみましょう。どうして、それをえらんだのか、その理由《りゆう》もいっしょに書《か》きましょう。

ジャーさんからのアドバイス

自分《じぶん》のおすすめをランキングにするか、身《み》の回《まわ》りのことをランキングにするか、キミはどちらがいいかな？
自分《じぶん》が「これを人《ひと》に伝《つた》えてみたい！」と思《おも》うテーマをえらぶといいよ。「まだだれにも話《はな》してなかったけどおすすめしたい」ということでも、「これをランキングにしたら、だれかの役《やく》に立《た》ちそう！」と思《おも》うことでも、自分《じぶん》がワクワクするテーマをえらびましょう。

テーマ：

順位《じゅんい》	項目《こうもく》	えらんだ理由《りゆう》
1位《い》		
2位《い》		
3位《い》		
4位《い》		
5位《い》		
番外編《ばんがいへん》（ランキング外《がい》でも、ぜひしょうかいしたいものがあれば書《か》いておこう）		

見本《みほん》

テーマ：好《す》きなスポーツランキング

順位《じゅんい》	項目《こうもく》	えらんだ理由《りゆう》
1位《い》	卓球《たっきゅう》	10代《だい》の若《わか》い選手《せんしゅ》も活《かつ》やくしていて、テレビでみていてもはく力《りょく》まんてんでワクワクするから。
2位《い》	ラグビー	雪《ゆき》がふった日《ひ》にラグビーをしたら、雪《ゆき》の中《なか》でトライするのが楽《たの》しかったから。
3位《い》	クライミング	やったことはないけど、岩山《いわやま》を体《からだ》一《ひと》つでスイスイ登《のぼ》っているのがすごいと思《おも》ったから。
4位《い》	100メートル走《そう》	私《わたし》は足《あし》はおそいけど、足《あし》が速《はや》い人《ひと》たちを見《み》ているとスカッとした気分《きぶん》になるから。
5位《い》	カーリング	一度《いちど》、体験《たいけん》しせつでやってみたらおもしろかったから。

やってみよう！

穴埋《あなう》め作文《さくぶん》にチャレンジ！

ステージ1でつくったランキングを、穴埋《あなう》め作文《さくぶん》でしょうかいしてみましょう。
どうしてそのテーマでランキング表《ひょう》をつくったのかという理由《りゆう》も入《い》れて書《か》きましょう。

はじめ

今日《きょう》は、（テーマを書《か》こう！　(例《れい》)わたしの好《す》きなスポーツ）をしょうかいします。

このテーマでランキングを考《かんが》えてみようと思《おも》った理由《りゆう》は、（キミがこのテーマでランキングを考《かんが》えた理由《りゆう》を書《か》こう！　(例《れい》)今《いま》のわたしの習《なら》い事《ごと》はピアノと習字《しゅうじ》だけですが、何《なに》かスポーツも習《なら》ってみたいなと思《おも》ったから）です。

なか

まず、第《だい》5位《い》は、（5位《い》にえらんだものと、それをえらんだ理由《りゆう》を書《か》こう！　(例《れい》)カーリングです。冬休《ふゆやす》みに家族《かぞく》でカーリングの体験《たいけん》しせつに行《い》ってやってみたら、とてもおもしろかったから）です。

第《だい》4位《い》は、（4位《い》にえらんだものと、それをえらんだ理由《りゆう》を書《か》こう！　(例《れい》)100メートル走《そう》です。わたしは走《はし》るのはおそいですが、足《あし》の速《はや》い人《ひと》たちの競争《きょうそう》やリレーを見《み》ているだけで心《こころ》がスカッとするから）です。

第《だい》3位《い》は、（3位《い》にえらんだものと、それをえらんだ理由《りゆう》を書《か》こう！ (例《れい》)クライミングです。わたしはやったことはないですが、人間《にんげん》の体《からだ》一《ひと》つでスイスイと岩山《いわやま》を登《のぼ》っているのを見《み》て感動《かんどう》したから）です。

第《だい》2位《い》は、（2位《い》にえらんだものと、それをえらんだ理由《りゆう》を書《か》こう！ (例《れい》)ラグビーです。雪《ゆき》がふった日《ひ》に校庭《こうてい》でラグビーをしたら、雪《ゆき》の上《うえ》でトライを決《き》めるのが楽《たの》しかったから）です。

そして、第《だい》1位《い》は、（1位《い》にえらんだものと、それをえらんだ理由《りゆう》を書《か》こう！ (例《れい》)卓球《たっきゅう》です。若《わか》い選手《せんしゅ》も世界《せかい》で活《かつ》やくしていたり、はく力《りょく》があって、見《み》ていてワクワクするから）です。

まとめ

今回《こんかい》は、（テーマを書《か》こう！ (例《れい》)わたしの好《す》きなスポーツランキング）をつくりました。ランキングをつくってみて、（キミがランキングをつくって思《おも》ったことや、感《かん》じたことを自由《じゆう》に書《か》こう！ (例《れい》)あまり知《し》られていないスポーツでも、おもしろいスポーツがたくさんあるんだなと思《おも》いました。まだ経験《けいけん》したことのないスポーツもいつかやってみたいなと思《おも》いました）。

ぼくも穴埋《あなう》め作文書《さくぶんか》けたよ！

次《つぎ》はいよいよこのランキングを作文《さくぶん》にまとめていくよ！

ステージ3

テーマ

ぼく／わたしの〇〇〇ランキング！

ランキング作文《さくぶん》、まずは5位《い》からしょうかいしようかな。

目標文字数《もくひょうもじすう》

1〜2年生《ねんせい》＝200文字以上《もじいじょう》
3〜4年生《ねんせい》＝300文字以上《もじいじょう》
5〜6年生《ねんせい》＝400文字以上《もじいじょう》

はじめ キミがつくったランキングのテーマと、どうしてそのテーマをえらんだのかを書《か》こう。

段落《だんらく》のはじめは1マスあけよう！

ジャーさんからのアドバイス

まずは、ステージ2でつくった穴埋《あなう》め作文《さくぶん》を見《み》ながら書《か》いてもいいし、ちがうことを書《か》いてもいいよ。この作文《さくぶん》を読《よ》む人《ひと》に伝《つた》えたいことを入《い》れて、どんどん書《か》いてみましょう！

まとめ このランキングをつくってみて、キミが感《かん》じたことや思《おも》ったことを書《か》こう。

なか 5位《い》〜1位《い》までのランキングと、どうしてその順位《じゅんい》にしたのかの理由《りゆう》を、キミの体験《たいけん》や気持《きも》ちを入《い》れて書《か》こう。

すばらしい！
400字

すごいぞ！
300字

いい感じ！
200字

読《よ》んだ人《ひと》からひとこと！

感想欄《かんそうらん》

すばらしい　おもしろい　たくさん書《か》けたね！　感動《かんどう》！！　へぇ〜知《し》らなかったなぁ　たしかにそうだよね　つづきをもっと読《よ》みたい！　作文《さくぶん》を書《か》けてえらいぞ！

コメント欄《らん》

作文《さくぶん》に取《と》り組《く》めたキミに拍手《はくしゅ》！

書《か》き方《かた》に迷《まよ》ったら、例文《れいぶん》を参考《さんこう》にしてみよう。
作文《さくぶん》が書《か》けたら、おうちの人《ひと》などに読《よ》んでもらい、コメントや感想《かんそう》を書《か》いてもらおう！

第《だい》3章《しょう》

五感《ごかん》をきたえる迷路《めいろ》の塔《とう》

この章《しょう》の目標《もくひょう》

五感《ごかん》を使《つか》って言葉《ことば》をさがそう！

五感《ごかん》って聞《き》いたことがあるかしら？
①目《め》で見《み》る…視覚《しかく》　②耳《みみ》で聞《き》く…聴覚《ちょうかく》
③鼻《はな》でにおいをかぐ…嗅覚《きゅうかく》
④舌《した》で味《あじ》を感《かん》じる…味覚《みかく》
⑤手《て》で触《さわ》る…触覚《しょっかく》
この5つをあわせて五感《ごかん》というわ。

この章《しょう》では、家《いえ》の中《なか》や外《そと》で、五感《ごかん》をとぎすましてモノ・音《おと》・におい・味《あじ》・触感《しょっかん》をさがして、それを言葉《ことば》にして書《か》いていきましょう。ふだんから接《せっ》しているものでも、五感《ごかん》を意識《いしき》するだけで、言葉《ことば》にできるものがたくさん見《み》つけられるわ。

これから作文《さくぶん》を書《か》くときも、五感《ごかん》を使《つか》って見《み》つけた言葉《ことば》を入《い》れるだけで生《い》き生《い》きとした文章《ぶんしょう》になります。この塔《とう》の中《なか》で五感力《ごかんりょく》をきたえていきましょう！

五感《ごかん》をきたえる迷路《めいろ》の塔《とう》

やってみよう!

耳《みみ》をすまして、いろいろな音《おと》をさがしてみましょう。
それはなんの音《おと》なのか、どう思《おも》ったかを自由《じゆう》に書《か》いてみましょう。

まずさいしょの迷路《めいろ》は「音《おと》」じゃ。ここでは、家《いえ》の中《なか》や外《そと》で「音《おと》」をさがして言葉《ことば》で書《か》いてみるのじゃ。

音《おと》をさがしてくるんだね!まかせて!

あ、ゆめたくん!もう行《い》っちゃったわ。
じゃあ、キミもいっしょに家《いえ》の中《なか》や外《そと》で、聞《き》こえてきた音《おと》を書《か》いてみましょう。外《そと》に出《で》るときは安全《あんぜん》に注意《ちゅうい》しながら、耳《みみ》をすましてね。

見本《みほん》

①聞《き》こえた音《おと》
コチコチコチコチ
②何《なん》の音《おと》?
時計《とけい》の音《おと》
③その音《おと》を聞《き》いてどう思《おも》った?
あんな細《ほそ》い針《はり》なのに音《おと》がなるんだなぁ

第《だい》1ステージ 音《おと》の迷路《めいろ》

①聞《き》こえた音《おと》

②なんの音《おと》?

③その音《おと》を聞《き》いてどう思《おも》った?

No.1

①聞《き》こえた音《おと》

②なんの音《おと》?

③その音《おと》を聞《き》いてどう思《おも》った?

No.2

①聞《き》こえた音《おと》

②なんの音《おと》?

③その音《おと》を聞《き》いてどう思《おも》った?

No.3

①聞《き》こえた音《おと》

②なんの音《おと》?

③その音《おと》を聞《き》いてどう思《おも》った?

No.4

①聞《き》こえた音《おと》

②なんの音《おと》?

③その音《おと》を聞《き》いてどう思《おも》った?

No.5

耳《みみ》をすまして歩《ある》いてみるといろんな音《おと》や声《こえ》が聞《き》こえてくるね。

①聞《き》こえた音《おと》

②なんの音《おと》?

③その音《おと》を聞《き》いてどう思《おも》った?

No.6

音《おと》リスト

ガガガー(イスを引《ひ》いた音《おと》)
ブイーンイーン(お母《かあ》さんがそうじきをかけている音《おと》)
コチコチコチコチ(時計《とけい》の音《おと》)
ブーンブルルルーン(トラックが家《いえ》の前《まえ》を通《とお》った音《おと》)
タッタッタッタ(弟《おとうと》がろうかを走《はし》っている音《おと》)
キョロロロロー(どこかで鳴《な》いている虫《むし》の声《こえ》)

第《だい》2ステージ におい の迷路《めいろ》

やってみよう!

鼻《はな》を使《つか》って、いろいろなにおいをさがしてみましょう。
それはなんのにおいか、においをかいでどう思《おも》ったかを自由《じゆう》に書《か》いてみましょう。

あっ、いつのまにか、上《うえ》の階《かい》に進《すす》めたみたい。
次《つぎ》の迷路《めいろ》は、「におい」か。
行《い》ってみよう!

ジャーさんからのアドバイス

こんどは、においを言葉《ことば》にしてみましょう。家《いえ》の中《なか》や外《そと》、いろんなところでさがしてみましょう。
外《そと》に出《で》るときは、安全《あんぜん》に気《き》をつけてね。

見本《みほん》

①どんなにおい?
ちょっとすっぱいにおい
②それは何《なん》のにおい?
台所《だいどころ》でお母《かあ》さんがつくっていたちらしずしのにおい
③そのにおいをかいでどう思《おも》った?
今日《きょう》の夕飯《ゆうはん》が楽《たの》しみ!

No.1

①どんなにおい?
②それはなんのにおい?
③そのにおいをかいでどう思《おも》った?

No.2

①どんなにおい?
②それはなんのにおい?
③そのにおいをかいでどう思《おも》った?

No.3

①どんなにおい?
②それはなんのにおい?
③そのにおいをかいでどう思《おも》った?

①どんなにおい?

②それはなんのにおい?

③そのにおいをかいでどう思《おも》った?

No.4

①どんなにおい?

②それはなんのにおい?

③そのにおいをかいでどう思《おも》った?

No.5

①どんなにおい?

②それはなんのにおい?

③そのにおいをかいでどう思《おも》った?

No.6

においリスト

すっぱいにおい(ちらしずしのにおい)
あまいにおい(チョコレートのおかしのにおい)
けむりくさいにおい(魚《さかな》がこげているにおい)
湿《しめ》ったにおい(雨《あめ》がふった後《あと》のコンクリートがぬれたにおい)
ツンとしたにおい(トイレの洗剤《せんざい》のにおい)

へえ〜、においを表《あらわ》す言葉《ことば》にもいろいろあるんだね。

手《て》を使《つか》って、いろいろなものをさわってみましょう。それはどんな手《て》ざわりか、どう思《おも》ったかを自由《じゆう》に書《か》いてみましょう。

お！また上《うえ》の階《かい》に進《すす》めたみたい。次《つぎ》のテーマは……「触感《しょっかん》」？

今度《こんど》は手《て》でさわってみて、どう感《かん》じたかを書《か》くステージね！みんなの指《ゆび》や手《て》を使《つか》って、モノのさわり心地《ここち》を言葉《ことば》にしてみましょう。家《いえ》の中《なか》や外《そと》、いろんなところでさがしてみましょう。外《そと》に出《で》るときや何《なに》かをさわるときは、安全《あんぜん》に気《き》をつけてね。

第《だい》3ステージ 触感《しょっかん》の迷路《めいろ》

見本《みほん》

①どんな手《て》ざわり？
ザラザラしていて、かたい
②それはなんの手《て》ざわり？
たまご
③それをさわってみて、どう思《おも》った？
ツルツルしているかと思《おも》ったけどちがった

No.1

①どんな手《て》ざわり？

②それはなんの手《て》ざわり？

③それをさわってみて、どう思《おも》った？

No.2

①どんな手《て》ざわり？

②それはなんのてざわり？

③それをさわってみて、どう思《おも》った？

No.3

①どんな手《て》ざわり？

②それはなんの手《て》ざわり？

③それをさわってみて、どう思《おも》った？

①どんな手《て》ざわり?
②それはなんの手《て》ざわり?
③それをさわってみて、どう思《おも》った?

No.4

①どんな手《て》ざわり?
②それはなんの手《て》ざわり?
③それをさわってみて、どう思《おも》った?

No.5

①どんな手《て》ざわり?
②それはなんの手《て》ざわり?
③それをさわってみて、どう思《おも》った?

No.6

家《いえ》の中《なか》や庭《にわ》にあるものをいろいろとさわってみたよ。ものによって手《て》ざわりがちがって、楽《たの》しいね!

ふだんから見《み》ているものでも、さわってみると意外《いがい》な発見《はっけん》があるね。

触感《しょっかん》リスト

ザラザラしていて、**かたい**（たまごのから）
くしゃくしゃで**やわらかい**（丸《まる》めたティッシュ）
ゴツゴツ（お父《とう》さんの手《て》）
サラサラ（砂場《すなば》の砂《すな》）
ヌルヌル（カタツムリの通《とお》ったあと）

やってみよう!

口《くち》や舌《した》で、いろいろなものを味《あじ》わってみましょう。
それはどんな味《あじ》がするか、味《あじ》わってみてどう思《おも》ったかを自由《じゆう》に書《か》いてみましょう。

お!また上《うえ》の階《かい》に進《すす》めたぞ!次《つぎ》のテーマは……「味覚《みかく》」?

今度《こんど》は舌《した》で味《あじ》わって、どう感《かん》じたかを書《か》くステージね!食《た》べものや飲《の》みものの味《あじ》を、言葉《ことば》で表現《ひょうげん》してみましょう!

第《だい》4ステージ 味覚《みかく》の迷路《めいろ》

見本《みほん》

①どんな味《あじ》?
やさしい味《あじ》
②それは何《なに》?
だし汁《じる》
③味《あじ》わってみて、どう思《おも》った?
なんだかホッとした

No.1

①どんな味《あじ》?
②それは何《なに》?
③味《あじ》わってみて、どう思《おも》った?

No.2

①どんな味《あじ》?
②それは何《なに》?
③味《あじ》わってみて、どう思《おも》った?

No.3

①どんな味《あじ》?
②それは何《なに》?
③味《あじ》わってみて、どう思《おも》った?

①どんな味《あじ》?

②それは何《なに》?

③味《あじ》わってみて、どう思《おも》った?

No.4

①どんな味《あじ》?

②それは何《なに》?

③味《あじ》わってみて、どう思《おも》った?

No.5

①どんな味《あじ》?

②それは何《なに》?

③味《あじ》わってみて、どう思《おも》った?

No.6

いろんなものを食《た》べられて、楽《たの》しかった! 味《あじ》を表《あらわ》す言葉《ことば》にもいろいろあるんだね。

どんな味《あじ》なのかを言葉《ことば》で考《かんが》えながら食《た》べると、いつもよりいろんな味《あじ》に気《き》づけそうだね。

味覚《みかく》リスト

スカッとさわやかな味《あじ》(レモン)
ほろ苦《にが》い味《あじ》(ふきのとう)
あっさりした味《あじ》(きゅうり)
ジューシー(焼《や》いたお肉《にく》)
口《くち》の中《なか》で**ホワッと甘《あま》さが広《ひろ》がるまろやかな**味《あじ》(プリン)

やってみよう！

目《め》を使《つか》って、まわりにあるいろいろなものを見《み》てみましょう。それはどんなじょうたいか、それを見《み》てどう思《おも》ったかを自由《じゆう》に書《か》いてみましょう。

たとえば、今《いま》、上《うえ》を向《む》いてみたら天井《てんじょう》が見《み》えるかしら？
その天井《てんじょう》を見《み》ながら、見《み》えるものを言葉にしていくのよ。
「真《ま》っ白《しろ》い天井《てんじょう》に、ところどころ小《ちい》さなシミが見《み》えた。きれいだと思《おも》っていたけど、意外《いがい》とよごれているんだな」
こんな感《かん》じで、目《め》に見《み》えたものをそのまま言葉《ことば》にしていきましょう。

ついに一番上《いちばんうえ》の階《かい》まで来《き》たぞ！さいごのテーマは「視覚《しかく》」かぁ。目《め》で見《み》えたものを書《か》く、ってどういうこと？

最終《さいしゅう》ステージ 視覚《しかく》の迷路《めいろ》

見本《みほん》

①何《なに》が見《み》えた？
ありの行列《ぎょうれつ》

②それはどんなじょうたい？
長《なが》い列《れつ》になって歩《ある》いている

③それを見《み》てどう思《おも》った？
いったい、どこに向《む》かっているんだろう？

No.1

①何《なに》が見《み》えた？

②それはどんなじょうたい？

③それを見《み》てどう思《おも》った？

No.2

①何《なに》が見《み》えた？

②それはどんなじょうたい？

③それを見《み》てどう思《おも》った？

No.3

①何《なに》が見《み》えた？

②それはどんなじょうたい？

③それを見《み》てどう思《おも》った？

ついに塔《とう》のてっぺんにたどり着《つ》いた！
わーい！五感《ごかん》をきたえる迷路《めいろ》の塔《とう》、クリアしたぞー！
よくぞ、ゴールまでたどり着《つ》けたのう。ここまで来《き》た五感《ごかん》マスターのキミに、五感《ごかん》メダルを授《さず》けよう！

①何《なに》が見《み》えた？
②それはどんなじょうたい？
③それを見《み》てどう思《おも》った？

No.4

①何《なに》が見《み》えた？
②それはどんなじょうたい？
③それを見《み》てどう思《おも》った？

No.5

①何《なに》が見《み》えた？
②それはどんなじょうたい？
③それを見《み》てどう思《おも》った？

No.6

ふだんよく見《み》ているものでも、よくかんさつしてみると、いろんなものが見《み》えてくるんだね。

視覚《しかく》リスト

風《かぜ》にゆれる草《くさ》
(じょうたい：**そよそよと左右《さゆう》にゆれている**)
散歩《さんぽ》をしている黒《くろ》い大《おお》きな犬《いぬ》
(じょうたい：**草《くさ》のにおいをクンクンかいでいる**)
1カ月分《げつぶん》の新聞《しんぶん》の束《たば》
(じょうたい：**部屋《へや》のすみに積《つ》まれている**)
カレンダーの中《なか》の外国《がいこく》の街《まち》の写真《しゃしん》
(じょうたい：**きれいにはられている**)
散《ち》らかっている自分《じぶん》の机《つくえ》
(じょうたい：**本《ほん》やおもちゃが出《だ》しっぱなし**)

ジャーさんからのアドバイス

五感力《ごかんりょく》は、これからの作文《さくぶん》に生《い》かせる力《ちから》よ。作文《さくぶん》を書《か》くときには、「見《み》えたもの」「聞《き》こえた音《おと》」「におい」「味《あじ》」「さわった感覚《かんかく》」を意識《いしき》して書《か》くと、もっとカッコいい作文《さくぶん》になるわ。このあとの章《しょう》でもぜひ取《と》り入《い》れてみてね！

第《だい》４章《しょう》

想像《そうぞう》の森《もり》

この章《しょう》の目標《もくひょう》

自由《じゆう》に想像《そうぞう》した世界《せかい》を書《か》こう！

想像文《そうぞうぶん》には正解《せいかい》はないわ。

想像《そうぞう》の翼《つばさ》を広《ひろ》げて、自由《じゆう》に書《か》くことを楽《たの》しみましょう。

１枚《まい》の写真《しゃしん》から物語《ものがたり》をつくってみたり、自分《じぶん》のくつやカバンの気持《きも》ちを想像《そうぞう》してみたり、あこがれの職業《しょくぎょう》についたつもりでインタビューにこたえてみたり……。

ゆめたくんといっしょに想像《そうぞう》の森《もり》を楽《たの》しみましょう。

想像力《そうぞうりょく》は作文《さくぶん》においても、とても大事《だいじ》な要素《ようそ》よ。

頭《あたま》の中《なか》でその世界《せかい》を思《おも》いえがいて、どんどんイメージをふくらませていくことで、まるで夢《ゆめ》の中《なか》のように登場人物《とうじょうじんぶつ》たちが自然《しぜん》と動《うご》き出《だ》すはず！きれいな文章《ぶんしょう》を書《か》こうとするよりも、まずはワクワクした気持《きも》ちで想像《そうぞう》の世界《せかい》を楽《たの》しんでみましょう。

ステージ1

1 キミの大事《だいじ》なモノに変身《へんしん》!

想像文《そうぞうぶん》I

あれ?

道《みち》に迷《まよ》ったかな?

森《もり》の中《なか》に来《き》ちゃったみたい。

ホーホーホー。よく来《き》たね。ここは、まほうつかいのカラスたちとつくった、想像《そうぞう》の森《もり》じゃ。

想像《そうぞう》の森《もり》? なんじゃそりゃ?

ここでは、想像《そうぞう》したことが現実《げんじつ》になったり、なりたいものに変身《へんしん》することができるぞ。

自由《じゆう》に想像《そうぞう》して書《か》いてみるのじゃ! ホーホーホー。

あ! また行《い》っちゃった。でも、何《なに》に変身《へんしん》すればいいんだろう……?


キミもゆめたくんといっしょに変身《へんしん》してみましょう。

キミの持《も》ちもので、変身《へんしん》してみたいものはどれかな?

次《つぎ》の中《なか》からえらんでみよう。

くつ
ふでばこ
おちゃわん
ぼうし
タブレット
学
通学《つうがく》バック

そのほかでキミが考《かんが》えたものに変身《へんしん》したいときは、
ここにイラストを書《か》いてみよう!

これ、見《み》てみて。これはみんなの持《も》ちもののイラストね。この中《なか》から、変身《へんしん》したいものをえらんでみましょう!
自分《じぶん》の持《も》ちものに変身《へんしん》するのか! じゃあ、ぼくはこれにしようかな。

ジャーさんからのアドバイス

変身《へんしん》してみたいものは決《き》まったかな？

まずは、それを手《て》に取《と》ったり、机《つくえ》の上《うえ》において、よく“かんさつ”してみましょう。

キミの目《め》・鼻《はな》・手《て》・記憶《きおく》（きおく）をフル活用《かつよう》すれば、言葉《ことば》がうかんでくるよ。


やってみよう！

まずは、えらんだモノのプロフィールをつくってみましょう！

自分《じぶん》の名前《なまえ》 ＿＿＿＿ の モノの名前《なまえ》 ＿＿＿＿ のプロフィール

見《み》た目《め》：
どんなふうに見《み》えるかな？ キレイ？ かわいい？ きたない？ カッコイイ？
(例《れい》) デザインはカッコイイけど、少《すこ》しよごれている

色《いろ》：
どんな色《いろ》が使われているかな？ 1色《しょく》だけじゃないかもね。目《め》に見《み》えた色《いろ》を説明《せつめい》してみよう。
(例《れい》) まわりが青色《あおいろ》で、底《そこ》は白色《しろいろ》

におい：
次《つぎ》は鼻《はな》を使《つか》ってみて！ どんなにおいがする？ においを書《か》いてみよう。
(例《れい》) さいきんは、ちょっとクサイかも

大きさ：
家《いえ》の中《なか》にあるモノたちとくらべて、それは大《おお》きいのかな？ 小《ちい》さいのかな？ 定規《じょうぎ》があれば、はかってもいいよ。あとは、ほかのモノでたとえてもおもしろいね。「卵《たまご》と同《おな》じくらい」とか。
(例《れい》) サイズは20センチ。お父《とう》さんやお母《かあ》さんのくつたちよりは小《ちい》さめ

手《て》ざわり：
手《て》でさわって、たしかめてみよう！
スベスベ、デコボコ、ツルツル…
いろんな表現《ひょうげん》ができそうだね。
(例《れい》) かわの部分《ぶぶん》はザラザラしているけど、底《そこ》はキュッキュッとしている

この家《いえ》に来《き》たのはいつ?

どれくらい前《まえ》に、きみのもとに来《き》たのかおぼえているかな？ きのう？ 3か月前《げつまえ》？ 5年前《ねんまえ》？

(例《れい》) 2か月前《げつまえ》

買《か》ってもらった人《ひと》：
そのモノはどうやって手《て》に入《い》れたのかな？ 自分《じぶん》で買《か》ったかな？ だれかに買《か》ってもらったかな？
(例《れい》) お母《かあ》さんに買《か》ってもらった

いつも、いる場所《ばしょ》：
そのモノはいつも、どこにおいてあるのかな？ つくえの引《ひ》き出《だ》しの中《なか》？ 本《ほん》だなの中《なか》？ 台所《だいどころ》？ どこだろう？
(例《れい》) いつも、げんかんにいる

やってみよう!

キミのえらんだモノの気持《きも》ちを想像《そうぞう》して、枠《わく》の中《なか》に書《か》いていきましょう。

さっきえらんだモノに変身《へんしん》してみるよ! チチンプイのホイ!

モノの名前《なまえ》　　　　の気持《きも》ち

(例《れい》)くつ

そのモノになりきって、こんなときはこう思《おも》うかな? というキミの想像《そうぞう》で、どんどん書《か》いてみよう!

すべて書《か》けなくても大丈夫《だいじょうぶ》だよ! キミが想像《そうぞう》できる気持《きも》ちから、取《と》り組《く》んでみよう。

① 自分《じぶん》の名前《なまえ》　　　　に使《つか》われていないときに思《おも》っていること

(例《れい》)早《はや》くゆめたくんにはいてほしいなぁって思《おも》っているけど、雨《あめ》の日《ひ》は長《なが》ぐつさんにおまかせしたいな。雨《あめ》の日《ひ》はぬれるから休《やす》みたい

② 自分《じぶん》の名前《なまえ》　　　　に使《つか》われているときに思《おも》っていること

(例《れい》)さぁ、今日《きょう》も元気《げんき》いっぱい、出発《しゅっぱつ》だぁ! 今日《きょう》はどんな場所《ばしょ》に行《い》けるかな

ジャーさんからのアドバイス

キミも、えらんだモノに変身《へんしん》できたかしら?

こんどは、そのモノになりきって「気持《きも》ち」を想像《そうぞう》して書《か》いてみましょう! 正解《せいかい》はないよ。

キミの想像力《そうぞうりょく》が大切《たいせつ》!

③どんなときに「しあわせだなぁ」と思《おも》う?

どんなときに、うれしい!さいこう!って思《おも》っているかな?

(例《れい》)きれいにあらわれて、お日様《ひさま》の下《した》にほしてもらっているとき

④どんなときに、家出《いえで》したいと思《おも》ってる?

どんなときに、かなしい気持《きも》ちや、いやな気持《きも》ちになっているだろうか?

(例《れい》)泥《どろ》だらけになったのに、あらわれずにそのままにされているとき

⑤どんなニックネームで呼《よ》ばれてみたい?

正解《せいかい》はないよ!

どんなニックネームなら、そのモノがよろこびそうかな?

(例《れい》)スニーカーからとって、スニスニって呼《よ》ばれたい

⑥行《い》ってみたい場所《ばしょ》はどこ?

そのモノが行《い》ってみたいと思《おも》っていそうな場所《ばしょ》を想像《そうぞう》してみよう!

(例《れい》)えいがかん。くつが大《だい》ぼうけんをするえいがを見《み》てみたい

⑦一度《いちど》でいいからやってみたいことは?

そのモノはどんなことをしてみたいと思《おも》っているだろう?

(例《れい》)一人《ひとり》で電車《でんしゃ》にのって、知《し》らない町《まち》へぼうけんしてみたい

⑧　自分《じぶん》の名前《なまえ》　に言《い》いたいことは?

そのモノがキミに言《い》いたいことってどんなことだろう?

(例《れい》)「いつも、はいてくれてありがとう。たまにはきれいにあらってね。」

モノになりきるのって、楽《たの》しいね!

キミも、モノになりきって気持《きも》ちを想像《そうぞう》できたかな?次《つぎ》は、ここまでで書《か》いたことをもとに、穴埋《あなう》め作文《さくぶん》をつくりましょう!

ステージ2

やってみよう!

穴《あな》埋《う》め作《さく》文《ぶん》にチャレンジ！

【　】内《ない》はあてはまる方《ほう》にマルをつけよう

モノになりきって、モノのプロフィールや気《き》持《も》ちを穴《あな》埋《う》め作《さく》文《ぶん》にしていきましょう。

はじめ

【ぼく／わたし】は、（キミがえらんだモノの名前《なまえ》を書《か》こう）です。

見《み》た目《め》は（(例《れい》)カッコイイけど少《すこ》しよごれていて）、（色《いろ》・大《おお》きさ・てざわりのことを書《か》いてみよう　(例《れい》)青色《あおいろ》で、サイズは20センチ。手《て》ざわりはザラザラしています）。

【ぼく／わたし】は、（(例《れい》)2か月《げつ》）前《まえ》に、この家《いえ》にやってきました。

なか

（自分《じぶん》の名前《なまえ》を書《か》こう）は（使《つか》われるときはどんなときかな？）ときに、【ぼく／わたし】を（(例《れい》)はきます）。

（自分《じぶん》の名前《なまえ》を書《か》こう）は、（使《つか》われないときはどんなときかな？）ときは、【ぼく／わたし】を（(例《れい》)はきません）。

そんなとき、【ぼく／わたし】は（モノの気持《きも》ちを書《か》いてみよう！　（例《れい》）ちょっとホッとします。ぬれなくてすむからです。）。

【でも／また】、【ぼく／わたし】は、（ほかにも、こんなときはこんな気持《きも》ちになるよ！ということを書《か》いてみよう。（例《れい》）出《で》かけるのはとても好《す》き）です。

どうしてかというと、（その理由《りゆう》を書《か》いてみよう！　（例《れい》）この前《まえ》は、ゆめたくんと動物《どうぶつ》えんに行《い》って、はじめて見《み》る動物《どうぶつ》も見《み》られて楽《たの》しかった）からです。

また、家出《いえで》をしたいと思《おも》うときは、（どんなときにそう思《おも》うのかな？　（例《れい》）よごれたのにあらわれずにそのままにされている）ときです。

でも、「しあわせだなぁ」と思《おも》うときもあります。それは、（どんなときにそう思《おも》うのかな？　（例《れい》）きれいにあらわれて、お日様《ひさま》の下《した》にほしてもらっている）ときです。

まとめ

これからも、（さいごは、まとめだよ。これから、どんなふうにくらしてきたいと思《おも》っているかな？　（例《れい》）ゆめたくんといっしょに、いろんなところに出《で》かけたい）です。

やったー！
穴埋《あなう》め作文《さくぶん》、書《か》けたよ！

おめでとう！
次《つぎ》はいよいよ原稿用紙《げんこうようし》に
書《か》いていきましょう。

ステージ3

テーマ

自分《じぶん》の大事《だいじ》なモノに変身《へんしん》！

目《もく》標《ひょう》文《も》字《じ》数《すう》

1～2年生《ねんせい》＝200文字《もじ》以上《いじょう》
3～4年生《ねんせい》＝300文字《もじ》以上《いじょう》
5～6年生《ねんせい》＝400文字《もじ》以上《いじょう》

はじめ モノになりきって、色《いろ》や大《おお》きさ、見《み》た目《め》などのモノのプロフィールを書《か》こう。

段落《だんらく》のはじめは1マスあけよう！

ジャーさんからのアドバイス

ステージ2でつくった穴埋《あなう》め作文《さくぶん》を見《み》ながら書《か》いてもいいし、ちがうことを書《か》いてもいいよ。
ステージ１で書《か》いたモノのプロフィールや気持《きも》ちを使《つか》って、オリジナルの作文《さくぶん》にできるといいね！

まとめ これからどんなふうにキミとくらしていきたいと思《おも》っているかを、モノになりきって想像《そうぞう》して書《か》こう。

なか キミとモノとのエピソードを書《か》こう。モノになりきって、気持《きも》ちを想像《そうぞう》して書《か》けるといいね。

すばらしい！
400字

すごいぞ！
300字

いい感じ！
200字

読《よ》んだ人《ひと》からひとこと！

感想欄《かんそうらん》

すばらしい　おもしろい　たくさん書《か》けたね！　感動《かんどう》!!　へぇ〜知《し》らなかったなぁ　たしかにそうだよね　つづきをもっと読《よ》みたい！　作文《さくぶん》を書《か》けてえらいぞ！

コメント欄《らん》

作文《さくぶん》に取《と》り組《く》めたキミに拍手《はくしゅ》！

書《か》き方《かた》に迷《まよ》ったら、例文《れいぶん》を参考《さんこう》にしてみよう。

作文《さくぶん》が書《か》けたら、おうちの人《ひと》などに読《よ》んでもらい、コメントや感想《かんそう》を書《か》いてもらおう！

2 もしも〇〇になったら……

想像文《そうぞうぶん》Ⅱ

ステージ 1

まだ想像《そうぞう》の森《もり》はつづくみたいだね。今度《こんど》は何《なに》に変身《へんしん》できるのかな?
ホーホーホー。想像《そうぞう》の森《もり》を楽《たの》しんでいるかね?
今度《こんど》は、キミがなりたい職業《しょくぎょう》を体験《たいけん》することができるぞ。想像《そうぞう》したことをしっかり作文《さくぶん》にするんだホー!
ここでは、やってみたいお仕事《しごと》を体験《たいけん》できるんだね! どの職業《しょくぎょう》にしようかな?

ジャーさんからのアドバイス

みんなはどの職業《しょくぎょう》を体験《たいけん》してみたいかしら?
すぐにうかばない場合《ばあい》は、お仕事《しごと》カードを参考《さんこう》にしてもOKよ!

やってみよう!

キミのやってみたいお仕事《しごと》を決《き》めましょう!

工作《こうさく》ワーク

工作《こうさく》シート④から、キミのやってみたいお仕事《しごと》のカードを切《き》り取《と》って、はりつけよう。

お仕事《しごと》カード

工作《こうさく》シート
④

カードにない職業《しょくぎょう》でも、あこがれの仕事《しごと》があったらなんでも書《か》いてみよう!
(例《れい》)宇宙飛行士《うちゅうひこうし》

（　　　　）

ぼくは決《き》めたよ!

やってみよう!

やってみたいお仕事《しごと》が決《き》まったら、インタビューにこたえるつもりで、ふきだしの中《なか》にキミのセリフを考《かんが》えて書《か》きましょう。

どうして、この仕事《しごと》をやってみたいと思《おも》ったんですか?

1コマ目《め》

キミがこの仕事《しごと》をえらんだ理由《りゆう》を書《か》こう!
(例《れい》)宇宙《うちゅう》が好《す》きで、地球《ちきゅう》の外《そと》のことをもっと知《し》りたいからです。

ドキ
ドキ

この仕事《しごと》について、どんなイメージがありますか?

2コマ目《め》

この仕事《しごと》のイメージを書《か》いてみよう。
(例《れい》)くんれんが大変《たいへん》そうだけど、ロケットに乗《の》れてかっこいいなと思《おも》います。

ドキ
ドキ

この職業《しょくぎょう》についたらどんなことにチャレンジしてみたいですか?

3コマ目《め》

キミがこの職業《しょくぎょう》についたら、やってみたいことをなんでも自由《じゆう》に書《か》いてみよう。
(例《れい》)地球以外《ちきゅういがい》にも住《す》める星《ほし》をさがしたいです。

ドキ
ドキ

どうして、それにチャレンジしてみたいと思《おも》ったんですか?

4コマ目《め》

どうして、それをやってみたいと思《おも》ったのか、理由《りゆう》を書《か》いてみよう!
(例《れい》)地球以外《ちきゅういがい》にも世界《せかい》が広《ひろ》がれば、みんなの楽《たの》しみがふえると思《おも》ったからです。

ドキ
ドキ

インタビューされているみたいでおもしろかったよ!

希望《きぼう》や思《おも》いをたくさん書《か》けたね! では、この内容《ないよう》を穴《あな》埋《う》め作文《さくぶん》にしてみましょう!

ステージ2

やってみよう!

穴埋《あなう》め作文《さくぶん》にチャレンジ!

【 】内《ない》はあてはまる方《ほう》にマルをつけよう

インタビューでこたえたセリフを、こんどは穴埋《あなう》め作文《さくぶん》で書《か》いてみましょう。

はじめ

もしも、【ぼく/わたし】が（やってみたい職業《しょくぎょう》を書《か》こう! (例《れい》)宇宙飛行士《うちゅうひこうし》）になったら、

（その職業《しょくぎょう》についたらやってみたいことを書《か》いてみよう (例《れい》)ロケットに乗《の》って宇宙《うちゅう》に行《い》ってみたいです）。

どうして、このお仕事《しごと》をやってみたいと思《おも》ったかというと、

（このお仕事《しごと》をやってみたいと思《おも》った理由《りゆう》を書《か》こう (例《れい》)宇宙《うちゅう》が大好《だいす》きで、自分《じぶん》もロケットに乗《の》って地球《ちきゅう》の外《そと》に行《い》ってみたいと思《おも》ったからです）からです。

なか1

この仕事《しごと》は、（この仕事《しごと》についてのイメージを書《か》こう (例《れい》)くんれんが大変《たいへん》そうだけどロケットに乗《の》れてかっこいいな）と思《おも》います。

もし、この仕事《しごと》をしている人《ひと》に会《あ》えたら、

（キミがこの仕事《しごと》をしている人《ひと》に聞《き》いてみたいことはあるかな? (例《れい》)「宇宙《うちゅう》から見《み》る地球《ちきゅう》はどんな感《かん》じですか?」）と聞《き》いてみたいです。

なか2

また、【ぼく／わたし】がこの職業《しょくぎょう》についたら、（キミがこの職業《しょくぎょう》についたら、チャレンジしてみたいことを書《か》いてみよう (例《れい》)地球《ちきゅう》以外《いがい》にも住《す》める星《ほし》をさがしたい）です。

どうしてかというと、（どうしてそれをやってみたいと思《おも》ったか、理由《りゆう》を書《か》いてみよう！ 地球《ちきゅう》以外《いがい》にも世界《せかい》が広《ひろ》がれば、みんなの楽《たの》しみがふえると思《おも》った）からです。

まとめ

そのために今《いま》は、（あこがれの職業《しょくぎょう》になって、やってみたいことをかなえるために、今《いま》できることはどんなことかな？ (例《れい》)英語《えいご》の勉強《べんきょう》と宇宙《うちゅう》や天体《てんたい》についての勉強《べんきょう》をがんばりたい）と思《おも》います。

できたよ！

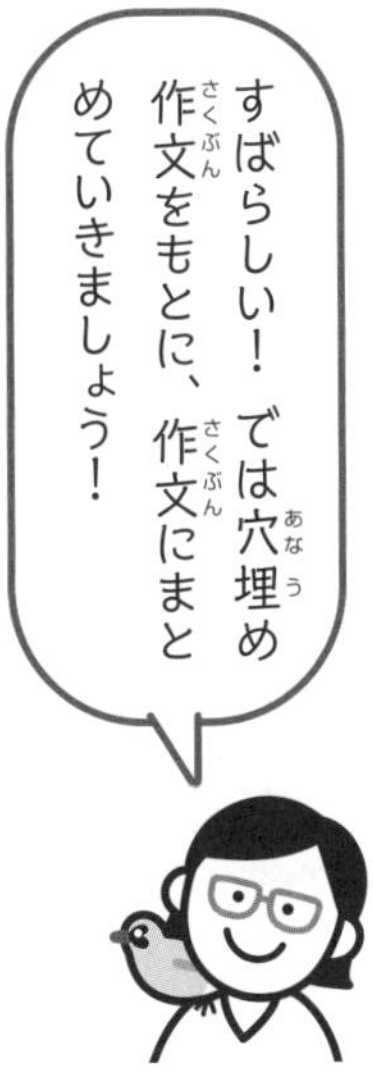
すばらしい！ では穴埋《あなう》め作文《さくぶん》をもとに、作文《さくぶん》にまとめていきましょう！

ステージ3

テーマ

ぼく／わたしがやってみたいお仕事《しごと》

ぼくは、あこがれの職業《しょくぎょう》についたら、こんなことをしてみたいなぁ。

目標文字数《もくひょうもじすう》

1〜2年生《ねんせい》＝200文字以上《もじいじょう》
3〜4年生《ねんせい》＝300文字以上《もじいじょう》
5〜6年生《ねんせい》＝400文字以上《もじいじょう》

はじめ　「もしも、ぼく／わたしが〇〇になったら」と書《か》き出《だ》して、その職業《しょくぎょう》になりたい理由《りゆう》を書《か》いてみよう。

段落《だんらく》のはじめは1マスあけよう！

ジャーさんからのアドバイス

まずは、ステージ2でつくった穴埋《あなう》め作文《さくぶん》を見《み》ながら書《か》いてもいいし、ちがうことを書《か》いてもいいよ。この作文《さくぶん》を読《よ》む人《ひと》に伝《つた》えたいことを入《い》れて、どんどん書《か》いてみましょう！

まとめ あこがれの職業《しょくぎょう》につくために、今《いま》からがんばりたいことなどを書《か》いてみよう。

なか その職業《しょくぎょう》のイメージや、やってみたいことなどを自由《じゆう》に書《か》いてみよう。

すばらしい！
400字

すごいぞ！
300字

いい感じ！
200字

読《よ》んだ人《ひと》からひとこと！

感想欄《かんそうらん》 すばらしい　おもしろい　たくさん書《か》けたね！　感動《かんどう》！！　へぇ～知《し》らなかったなぁ　たしかにそうだよね　つづきをもっと読《よ》みたい！　作文《さくぶん》を書《か》けてえらいぞ！

コメント欄《らん》

作文《さくぶん》に取《と》り組《く》めたキミに拍手《はくしゅ》！

書《か》き方《かた》に迷《まよ》ったら、例文《れいぶん》を参考《さんこう》にしてみよう。
作文《さくぶん》が書《か》けたら、おうちの人《ひと》などに読《よ》んでもらい、コメントや感想《かんそう》を書《か》いてもらおう！

3 物語《ものがたり》文《ぶん》をつくろう！

想像文《そうぞうぶん》Ⅲ

ステージ1

変身《へんしん》するって楽《たの》しいね！
もっといろんなものに変身《へんしん》してみたいな！
ホーホーホー。想像《そうぞう》の森《もり》を楽《たの》しんでいるようじゃの。今回《こんかい》は、作家《さっか》に変身《へんしん》してもらうぞ。
え？ 作家《さっか》?!
そうじゃ。作家《さっか》に変身《へんしん》して、あそこの畑《はたけ》にあるサツマイモから物語《ものがたり》をつくってみておくれ。
物語《ものがたり》をつくるの？ そんなこと できるかなぁ？

作家《さっか》に変身《へんしん》するなんて、おもしろそうね。物語《ものがたり》をつくるなら、まずは登場人物《とうじょうじんぶつ》から決《き》めないとね。次《つぎ》のワークで物語《ものがたり》を書《か》く準備《じゅんび》を進《すす》めていきましょう！

やってみよう！

左《ひだり》のサツマイモの写真《しゃしん》を見《み》て、物語《ものがたり》に出《で》てくる登場人物《とうじょうじんぶつ》を決《き》めましょう。

自由《じゆう》に想像《そうぞう》してみよう。工作《こうさく》シート②の中《なか》から、この物語《ものがたり》に出《で》てきそうな登場人物《とうじょうじんぶつ》をはりつけてみてもいいよ。工作《こうさく》シートを使《つか》わずに自分《じぶん》のアイディアで登場人物《とうじょうじんぶつ》を決《き》めても、もちろんOKだよ。

工作《こうさく》ワーク

物語《ものがたり》に出《で》てくる登場人物《とうじょうじんぶつ》を決《き》めよう！

工作《こうさく》シートからイラストをえらんではったり、自分《じぶん》で絵《え》をかいてみよう。

1人《り》目《め》

2人《り》目《め》

3人《にん》目《め》

4人《にん》目《め》

5人《にん》目《め》

やってみよう！

登場人物《とうじょうじんぶつ》が決《き》まったら、それぞれの登場人物《とうじょうじんぶつ》がどんな会話を していているか想像《そうぞう》して、セリフを書《か》いてみましょう。

この物語《ものがたり》に出《で》てくる登場人物《とうじょうじんぶつ》は決《き》まったかな？何人《なんにん》でも、キミの好《す》きなだけ登場《とうじょう》させるのじゃ。

ぼくは百獣《ひゃくじゅう》の王《おう》・ライオンを主人公《しゅじんこう》にしたぞ！

順番《じゅんばん》	名前《なまえ》 例《れい》：ネズミ	セリフ
①		例《れい》）わぁ、大《おお》きなサツマイモだ！ 持《も》って帰《かえ》ろう！ よいしょ、よいしょ。
②		例《れい》）あれ？ ネズミさんがサツマイモをはこぼうとしている！ でも、重《おも》くて動《うご》かなそうだなぁ。大丈夫《だいじょうぶ》かな？
③		例《れい》）エーン！ 重《おも》くて動《うご》かないよ！ だれか、助《たす》けてー！
④		例《れい》）どうしよう。ぼくも助《たす》けてあげたいけど、力《ちから》がないからこまったな。そうだ、クマさんにおねがいしてみよう！
⑤		例《れい》）ハチさん、どうしたんだい？ なに？ ネズミさんがこまっているんだって？ いいよ。助《たす》けてあげよう！
⑥		例《れい》）クマさん、サツマイモをはこぶのを手伝《てつだ》ってくれるの？ありがとう！あっというまに家《いえ》まではこべたね！
⑦		例《れい》）お礼《れい》ならハチさんに言《い》うといいよ。ぼくはハチさんにたのまれて来《き》たからね。
⑧		例《れい》）お礼《れい》に、このサツマイモでつくったスイートポテトをプレゼントするね。明日《あした》、とどけに行《い》くよ！
⑨		例《れい》）ネズミさん、おはよう！ わぁ、スイートポテト、おいしそうだね！ありがとう！
⑩		例《れい》）ハチさん、クマさん、きのうはありがとう。何《なに》かこまったことがあればいつでも言《い》ってね！

みんなの想像力《そうぞうりょく》で、すてきな物語《ものがたり》がつくれたかな？
これだけでも1つの作品《さくひん》が完成《かんせい》したわね！
今回《こんかい》はここからさらに、物語文《ものがたりぶん》をつくってみましょう。
そのための準備《じゅんび》として、次《つぎ》は穴埋《あなう》め作文《さくぶん》をつくっていくわよ。

やってみよう！

穴埋《あなう》め作文《さくぶん》にチャレンジ！

【　】内《ない》はあてはまる方《ほう》にマルをつけよう

ステージ1で書《か》いた登場人物《とうじょうじんぶつ》のセリフの流《なが》れをもとに、今度《こんど》は文章《ぶんしょう》にしてみましょう。

ジャーさんからのアドバイス

大丈夫《だいじょうぶ》！ 物語文《ものがたりぶん》といっても、これまでも取《と》り組《く》んできた穴《あな》埋《う》め作文《さくぶん》をつくる流《なが》れといっしょだからすぐにできるわ。
物語文《ものがたりぶん》に正解《せいかい》はないわ。
みんなの想像《そうぞう》で、好《す》きなように書《か》いてみましょう！

はじめ

これはいつのお話《はなし》にしようかな？ (例《れい》)10月《がつ》のある日曜日《にちようび》

（いつ？　　　）、

この物語《ものがたり》でさいしょに出《で》てくるのはだれだったかな？ (例《れい》)ネズミさんが

（だれが？　　　）、

さいしょに何《なに》が起《お》きたかな？ (例《れい》)畑《はたけ》でサツマイモを見《み》つけました。

（どうしたの？　　　）。

そのあと、何《なに》が起《お》きたかな？ (例《れい》)でも、サツマイモが重《おも》くて、家《いえ》まではこべませんでした。

（それでどうなったのかな？　　　）

なか

そこから、お話《はなし》はどうなっていくのかな？

さらに、そのあとどうなったかつづきがあれば書《か》いてみよう！　(例《れい》)それを見《み》ていたハチさんが、心配《しんぱい》して、クマさんに助《たす》けをおねがいしました。

すると、どうなったかな？

そのあとは、どうなったかな？　(例《れい》)クマさんはネズミさんが家《いえ》までサツマイモをはこぶのを手伝《てつだ》ってあげました。

まとめ

さいごにお話《はなし》はどうなったかな？

物語《ものがたり》のさいごのてんかいを書《か》いてみよう　(例《れい》)クマさんのおかげで、ネズミさんはサツマイモを家《いえ》まではこぶことができました。そして、お礼《れい》にハチさんとクマさんにスイートポテトをつくってプレゼントしてあげました。

ステージ3

テーマ

サツマイモ畑《ばたけ》の物語《ものがたり》

想像《そうぞう》して文章《ぶんしょう》を書《か》いていくって、楽《たの》しいんだね！

目標《もくひょう》文字数《もじすう》

1〜2年生《ねんせい》＝200文字《もじ》以上《いじょう》
3〜4年生《ねんせい》＝300文字《もじ》以上《いじょう》
5〜6年生《ねんせい》＝400文字《もじ》以上《いじょう》

はじめ まずは、「いつ・だれが・どうしたか」を書《か》こう。

段落《だんらく》のはじめは1マスあけよう！

ジャーさんからのアドバイス

ステージ1で書《か》いたセリフやステージ2の穴埋《あなう》め作文《さくぶん》を見《み》ながら書《か》いてもいいし、ちがうことを書《か》いてもいいよ。地《じ》の文《ぶん》→セリフ→地《じ》の文《ぶん》という順《じゅん》に書《か》いていくと、かっこいい物語文《ものがたりぶん》になるよ！

まとめ この物語《ものがたり》のさいごはどうなったか、物語《ものがたり》の終《お》わりを書《か》いてみよう。

なか どんな出来事《できごと》があったかを、登場人物《とうじょうじんぶつ》のセリフも入《い》れて書《か》こう。

すばらしい！
400字

すごいぞ！
300字

いい感じ！
200字

読《よ》んだ人《ひと》からひとこと！

感想欄《かんそうらん》

すばらしい　おもしろい　たくさん書《か》けたね！　感動《かんどう》！！　へぇ～知《し》らなかったなぁ　たしかにそうだよね　つづきをもっと読《よ》みたい！　作文《さくぶん》を書《か》けてえらいぞ！

コメント欄《らん》

作文《さくぶん》に取《と》り組《く》めたキミに拍手《はくしゅ》！

書《か》き方《かた》に迷《まよ》ったら、例文《れいぶん》を参考《さんこう》にしてみよう。
作文《さくぶん》が書《か》けたら、おうちの人《ひと》などに読《よ》んでもらい、コメントや感想《かんそう》を書《か》いてもらおう！

第《だい》5章《しょう》

虫眼鏡《むしめがね》の扉《とびら》

この章《しょう》の目標《もくひょう》

情報《じょうほう》を整理《せいり》しながら
文章《ぶんしょう》をまとめよう！

この章《しょう》では、自分《じぶん》で調《しら》べた情報《じょうほう》や聞《き》いた情報《じょうほう》を文章《ぶんしょう》としてまとめていきましょう。
自分《じぶん》の好《す》きな動物《どうぶつ》について調《しら》べて作文《さくぶん》にしたり、専門家《せんもんか》に話《はなし》を聞《き》いて、とくに伝《つた》えたいことや大事《だいじ》なことをまとめて説明文《せつめいぶん》をつくっていきましょう。
作文《さくぶん》にするときに、「ネタはたくさん集《あつ》まったけど、どの情報《じょうほう》をえらんで書《か》けばいいかわからない」ということもあるかもしれません。
そんなときは、集《あつ》めた情報《じょうほう》すべてを書《か》こうとするのではなくて、書《か》きはじめる前《まえ》に、集《あつ》めた情報《じょうほう》を表《ひょう》などに見《み》やすく整理《せいり》してから、「自《じ》分《ぶん》はどの情報《じょうほう》を読《よ》み手《て》に伝《つた》えたいのか」という視点《してん》でえらんでいくと、読《よ》み手《て》に伝《つた》わりやすい作文《さくぶん》が書《か》けるわ！

1 生《い》き物《もの》図鑑《ずかん》をつくろう!

説明文《せつめいぶん》I

ステージ1

ゴールまで、あともう少《すこ》しかな?
あれ? 道《みち》の真《ま》ん中《なか》に大《おお》きな虫眼鏡《むしめがね》がある!
ん? よく見《み》たらドアノブがついてる。これ、扉《とびら》なのかな?
ホーホーホー。これは虫眼鏡《むしめがね》の扉《とびら》じゃ。この扉《とびら》を開《ひら》かないと、先《さき》には進《すす》めないぞ。
ええ! どうしたら開《あ》けられるの?
この扉《とびら》を開《ひら》くには、生《い》き物《もの》や植物《しょくぶつ》について調《しら》べて、作文《さくぶん》を完成《かんせい》させる必要《ひつよう》があるぞー!
あ、行《い》っちゃった! どういうことだろう……?

情報《じょうほう》を調《しら》べて書《か》く作文《さくぶん》ね。楽《たの》しそうね! みんなが好《す》きな生《い》き物《もの》や植物《しょくぶつ》について調《しら》べて書《か》いてみましょう!

なんでもいいの? じゃあ、クマのことを調《しら》べてみようかな?

やってみよう!

調《しら》べたい生《い》き物《もの》をえらんで、その生態《せいたい》を調《しら》べて図鑑《ずかん》をつくっていきましょう。

キミが調《しら》べたい生《い》き物《もの》は何《なに》かな? (例《れい》)ツキノワグマ

（　　　　　　　　）

手順《てじゅん》1

まずは国語辞典《こくごじてん》で、その生《い》き物《もの》の名前《なまえ》をさがしてみましょう。どんな情報《じょうほう》が手《て》に入《はい》るかな?

国語辞典《こくごじてん》に書《か》いてあることをメモしてみよう (例《れい》)クマ科《か》のほにゅう類《るい》で、むねの上《うえ》に三日月《みかづき》のはん点《てん》がある。主《おも》に中国《ちゅうごく》や日本《にっぽん》に生息《せいそく》して、冬《ふゆ》は冬眠《とうみん》する。九州《きゅうしゅう》のツキノワグマは絶《ぜっ》めつした可能性《かのうせい》がある。

手順《てじゅん》2

次《つぎ》は、ターゲットにした生《い》き物《もの》について、その生態《せいたい》を調《しら》べてみましょう。図鑑《ずかん》やインターネットを使《つか》って調《しら》べてもOKだよ。

生《い》き物《もの》の名前《なまえ》

生《い》き物《もの》のイラスト

ここでは五感力《ごかんりょく》を使《つか》おう！

その生《い》き物《もの》の特《とく》ちょうを書《か》いてみよう！

特徴《とくちょう》

①目《め》で見《み》えるもの

足《あし》の特《とく》ちょう　(例《れい》)真《ま》っ黒《くろ》で太《ふと》い。

手《て》の特《とく》ちょう　(例《れい》)手《て》の平《ひら》はねこの手《て》の平《ひら》に似《に》ているけど、とても大《おお》きい。鋭《するど》い爪《つめ》がある。

目《め》の特《とく》ちょう　(例《れい》)目《め》は体《からだ》のわりに小《ちい》さい。黒目《くろめ》だけのようで白目《しろめ》はなさそう。

口《くち》の特《とく》ちょう　(例《れい》)口《くち》はたてに開《ひら》くようだ。ライオンのように大《おお》きくはないけど白《しろ》い歯《は》がある。

体《からだ》の大《おお》きさ（平均《へいきん》の身長体重《しんちょうたいじゅう》）　(例《れい》)どうは110センチ～130センチ、体重《たいじゅう》はオスが80キロ、メスは50キロ。

体《からだ》の色《いろ》　(例《れい》)全体的《ぜんたいてき》に黒《くろ》い。むねの上部《じょうぶ》は白《しろ》い毛《け》がはえている。

毛《け》なみの様子《ようす》　(例《れい》)短《みじか》い毛《け》が全身《ぜんしん》にはえている。

②手《て》：さわり心地《ここち》（さわったことがなければイメージでいいよ）

(例《れい》)さわったことはないけど、毛《け》はスベスベしていそう。

③鼻《はな》：におい（イメージでいいよ）

(例《れい》)土《つち》のにおいがしそう。

④舌《した》：味《あじ》（イメージでいいよ）

(例《れい》)香《かお》りが強《つよ》く、味《あじ》がこそう。

⑤耳《みみ》：声《こえ》（調《しら》べても、イメージでもいいよ）

(例《れい》)ゴワオーと鳴《な》きそう。

習性《しゅうせい》　その生《い》き物《もの》の特《とく》ちょうを書《か》いてみよう！

⑥昼間《ひるま》は？

(例《れい》)夏《なつ》は午前《ごぜん》4時《じ》～7時《じ》ごろと、17時《じ》～21時《じ》に活動《かつどう》するだけ。春《はる》と秋《あき》は昼間《ひるま》も活動《かつどう》する。

⑦夜《よる》は？

(例《れい》)基本《きほん》は寝《ね》ているが、夜《よる》に人《ひと》の家《いえ》や畑《はたけ》に来《く》ることもある。

⑧食《た》べるものは？

(例《れい》)山菜《さんさい》や木《き》の実《み》などの植物《しょくぶつ》を食《た》べる。

⑨苦手《にがて》なものは？

(例《れい》)トウガラシのにおいが苦手《にがて》。

⑩じつはこんな一面《いちめん》も！

(例《れい》)ツキノワグマは果実《かじつ》を食《た》べるので、フンに植物《しょくぶつ》のタネがまざって、フンをするたびに森中《もりじゅう》に植物《しょくぶつ》のタネをまいてくれる。

やってみよう!

キミがえらんだ生《い》き物《もの》についてのキミの気持《きも》ちや考《かんが》えを書《か》いてみましょう。

①キミがその生《い》き物《もの》をえらんだ理由《りゆう》は？

どうしてキミは、この生《い》き物《もの》をえらんだのかな？　(例《れい》)クマが好《す》きだったことと、その中《なか》でもお月《つき》さまのもようがあるツキノワグマにきょうみがあったから。

②その生《い》き物《もの》のどんなところがいいなと思《おも》う？

調《しら》べてみる前《まえ》でもあとでも、その生《い》き物《もの》の気《き》に入《い》っているところがあれば書《か》いてみよう　(例《れい》)むねの上《うえ》に白《しろ》いお月《つき》さまのもようがあるところがステキ。

③どんなところにビックリした？

今回調《こんかいしら》べてみて、知《し》らなかったことや意外《いがい》な一面《いちめん》はあったかな？　(例《れい》)トウガラシのにおいが苦手《にがて》ということにビックリした。

④その生《い》き物《もの》といっしょに遊《あそ》べるとしたら、どんなことをして遊《あそ》びたい？

いっしょに遊《あそ》んだら危険《きけん》な生《い》き物《もの》もいるかもしれないけど、想像《そうぞう》の世界《せかい》で自由《じゆう》に書《か》いてみよう　(例《れい》)金太郎《きんたろう》のように背中《せなか》に乗《の》せてもらって、山《やま》をかけ回《まわ》りたい。

⑤100年後《ねんご》、その生《い》き物《もの》はどうなっていると思《おも》う？

キミの想像《そうぞう》で自由《じゆう》に書《か》いてみよう　(例《れい》)ツキノワグマがくらせる森《もり》が、人間《にんげん》のどりょくによってふえていき、今《いま》よりもツキノワグマの数《かず》がふえていると思《おも》う。

やってみよう!

穴《あな》埋《う》め作文《さくぶん》にチャレンジ!

【　】内《ない》はあてはまる方《ほう》にマルをつけよう

ステージ1でつくった生《い》き物図鑑《ものずかん》やその生《い》き物《もの》への気持《きも》ちをもとに、穴埋《あなう》め作文《さくぶん》をつくっていきましょう。

大好《だいす》きなクマの生態《せいたい》がいろいろわかって、おもしろかったぞ!

たくさん調《しら》べられたわね!今度《こんど》はその情報《じょうほう》を穴埋《あなう》め作文《さくぶん》にしてみましょう。

はじめ

【ぼく/わたし】は、（調《しら》べた生《い》き物《もの》の名前《なまえ》を書《か》こう　(例《れい》)ツキノワグマ）について調《しら》べました。

（調《しら》べた生《い》き物《もの》の名前《なまえ》を書《か》こう）について調《しら》べようと思《おも》った理由《りゆう》は、

（どうして、この生《い》き物《もの》を調《しら》べようと思《おも》ったのかな?　(例《れい》)クマが好《す》きだったことと、その中《なか》でもお月《つき》さまのもようがあるツキノワグマにきょうみがあったから）です。

なか

（調《しら》べた生《い》き物《もの》の名前《なまえ》を書《か》こう）は、

（今回調《こんかいしら》べた情報《じょうほう》の中《なか》でしょうかいしたい情報《じょうほう》を1つえらぼう!　(例《れい》)体《からだ》が大《おお》きいので肉《にく》をたくさん食《た》べそうなイメージがありましたが、山菜《さんさい》や木《き》の実《み》などを主食《しゅしょく》としています
キミが今回調《こんかいしら》べてわかったこと①）。

その理由《りゆう》は、（ここではこたえがわかっていたらこたえを、わからない場合《ばあい》はキミのすいそくを書《か》こう　(例《れい》)森《もり》の恵《めぐ》みを食《た》べる動物《どうぶつ》のようで、とくに冬眠前《とうみんまえ》の秋《あき》は栄《えい》ようをつけるために木《き》の実《み》を好《この》んで食《た》べるそうです）。

また、（今回調《こんかいしら》べた情報《じょうほう》の中《なか》でしょうかいしたい情報《じょうほう》をもう1つえらぼう!　(例《れい》)トウガラシのにおいが苦手《にがて》で、これはクマから畑《はたけ》の作物《さくもつ》を守《まも》るためにも活用《かつよう》されているそうです
キミが今回調《こんかいしら》べてわかったこと②）。

その理由《りゆう》は、（ここではこたえがわかっていたらこたえを、わからない場合《ばあい》はキミのすいそくを書《か》こう　㋹《れい》調《しら》べてもわからなかったのですが、トウガラシのカプサイシンという辛《から》みをもたらす成分《せいぶん》がツンとしていやなのかもしれません）。

。

まとめ

【ぼく／わたし】は、これまで（調《しら》べた生《い》き物《もの》の名前《なまえ》を書《か》こう　㋹《れい》ツキノワグマ）について、

（調《しら》べる前《まえ》のこの生《い》き物《もの》のイメージを書《か》こう　㋹《れい》大《おお》きくて、こわい動物《どうぶつ》だ）と思《おも》っていましたが、調《しら》べてみると

（調《しら》べる前《まえ》のイメージとくらべてどうだったかな？調《しら》べてみてわかった情報《じょうほう》を書《か》こう　㋹《れい》クマの中《なか》では小《こ》がらで、また木《き》の実《み》を好《この》んで食《た》べるので、フンに植物《しょくぶつ》のタネがまざって、森中《もりじゅう》に植物《しょくぶつ》のタネをまいてくれる森《もり》にやさしい）とわかりました。

（さいごにまとめを書《か》いてみよう。

自分《じぶん》はこれから、この生《い》き物《もの》とどう関《かか》わっていきたいかなどを書《か》こう　㋹《れい》さらに調《しら》べてみると、九州《きゅうしゅう》ではツキノワグマは絶《ぜつ》めつしたようで、四国《しこく》にはツキノワグマはたった二十頭《にじゅっとう》しかいないそうです。　ツキノワグマが絶《ぜつ》めつしてしまうのはかなしいので、ツキノワグマがくらせる自然《しぜん》がのこるように、自分《じぶん》にもできることがあれば応《おう》えんしたいと思《おも》いました）。

ふー。調《しら》べたことをもとに、穴埋《あなう》め作文《さくぶん》を書《か》けたよ！

キミも書《か》けたかな？では、作文《さくぶん》にまとめていきましょう。

ステージ3

テーマ

生《い》き物《もの》や植物《しょくぶつ》について調《しら》べてわかったこと

目標《もくひょう》文字数《もじすう》

1～2年生《ねんせい》＝200文字《もじ》以上《いじょう》

3～4年生《ねんせい》＝300文字《もじ》以上《いじょう》

5～6年生《ねんせい》＝400文字《もじ》以上《いじょう》

はじめ 何《なに》について調《しら》べたか、どうしてそれを調《しら》べようと思《おも》ったのかを書《か》こう。

段落《だんらく》のはじめは1マスあけよう!

ジャーさんからのアドバイス

まずは、ステージ2でつくった穴埋《あなう》め作文《さくぶん》を見《み》ながら書《か》いてもいいし、ちがうことを書《か》いてもいいよ。この作文《さくぶん》を読《よ》む人《ひと》に伝《つた》えたいことを入《い》れて、どんどん書《か》いてみましょう！

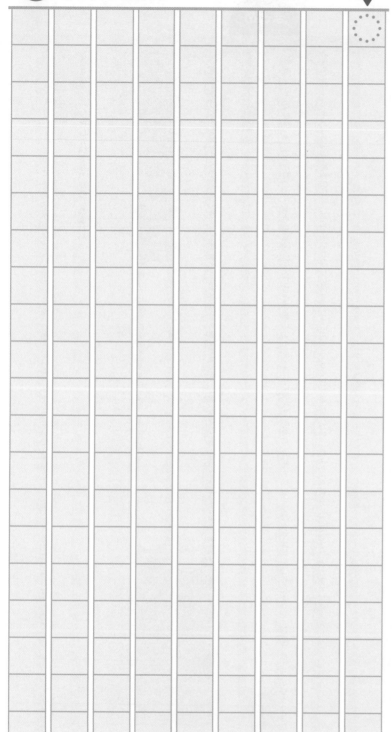

なか

その生《い》き物《もの》について、調《しら》べてみてわかったことを書《か》こう。

まとめ

調《しら》べてみて思《おも》ったことや、その生《い》き物《もの》についての思《おも》いや意見《いけん》を書《か》こう。

すばらしい！ 400字

すごいぞ！ 300字

いい感じ！ 200字

読《よ》んだ人《ひと》からひとこと！

感想欄《かんそうらん》

すばらしい　おもしろい　たくさん書《か》けたね！　感動《かんどう》!!　へぇ~知《し》らなかったなぁ　たしかにそうだよね　つづきをもっと読《よ》みたい!　作文《さくぶん》を書《か》けてえらいぞ!

コメント欄《らん》

作文《さくぶん》に取《と》り組《く》めたキミに拍手《はくしゅ》!

書《か》き方《かた》に迷《まよ》ったら、例文《れいぶん》を参考《さんこう》にしてみよう。作文《さくぶん》が書《か》けたら、おうちの人《ひと》などに読《よ》んでもらい、コメントや感想《かんそう》を書《か》いてもらおう！

2 おいしい桃《もも》の育《そだ》て方《かた》を説明《せつめい》しよう！

説明文《せつめいぶん》Ⅱ

ステージ1

虫眼鏡《むしめがね》の扉《とびら》、まだ開《あ》かないみたい！あれ？　よく見《み》たら、カギがかかっている。

ホーホーホー。カギは、2つの作文《さくぶん》を完成《かんせい》させるとあらわれるぞ。さっきの生《い》き物図鑑《ものずかん》と、今回《こんかい》の桃《もも》の説明作文《せつめいさくぶん》じゃ。

桃《もも》？　ぼく、桃《もも》大《だい》好《す》きだよ！

今回《こんかい》は、桃農家《もものうか》さんが来《き》てくれたぞ。おいしい桃《もも》の育《そだ》て方《かた》を聞《き》いて、作文《さくぶん》にまとめてみるのじゃ。

なんだか、おもしろそう！


みんなもいっしょに、桃農家《もものうか》さんに聞《き》いた情報《じょうほう》をまとめてみましょう。

やってみよう！

桃《もも》について知《し》っていることや、キミのアイディアを書《か》きましょう。

こんにちは、ゆめたくん。今日《きょう》は、おいしい桃《もも》の育《そだ》て方《かた》を説明《せつめい》するよ。ところで、キミは桃《もも》についてどれぐらい知《し》っているかな？

キミが知《し》っている桃《もも》のこと

ここでも五感《ごかん》を使《つか》って、桃《もも》のことを説明《せつめい》してみよう！

①色《いろ》は何色《なにいろ》？

②大《おお》きさは？

③においは？

④味《あじ》は？

⑤さわり心地《ここち》は？

⑥桃《もも》をかじったとき、どんな音《おと》がする？

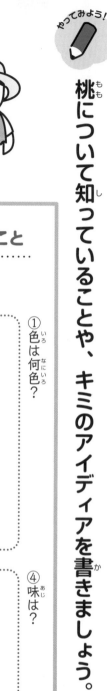

⑦キミは、桃《もも》が【好《す》き／きらい／どちらでもない】。

⑧それはどうして？

その理由《りゆう》を書《か》こう

⑨桃《もも》を100個《こ》もらったらだれにあげる？

⑩桃《もも》を使《つか》ってつくってみたい料理《りょうり》や飲《の》みものは何《なに》かな？　どんなふうに食《た》べたらおいしそうか、書《か》いてみよう！

桃農家《もものうか》さん、おいしい桃《もも》を育《そだ》てるには、どうしたらいいの？

じつは桃《もも》を育《そだ》てるには、それまでの準備《じゅんび》がとても大切《たいせつ》なんだ。ただ桃《もも》の木《き》を植《う》えただけでは、「おいしい桃《もも》」が自然《しぜん》と育《そだ》つとはかぎらないよ。じゃあ、これからおいしい桃《もも》が育《そだ》つまでの一年間《いちねんかん》を説明《せつめい》していくよ！

冬《ふゆ》

1〜2月《がつ》

剪定（せんてい）

どの枝《えだ》にも十分《じゅうぶん》に日光《にっこう》が当《あ》たるように、冬《ふゆ》の時期《じき》に、必要《ひつよう》な枝《えだ》といらない枝《えだ》を見《み》きわめて、切《き》り落《お》としていく作《さ》業《ぎょう》をするよ。

春《はる》

3〜5月《がつ》

まびき

おいしい桃《もも》を育《そだ》てるために、1本《ぽん》の木《き》に対《たい》して、しゅうかくまでに3回《かい》「まびく」作業《さぎょう》をするよ。

キミは、まびくという言葉《ことば》の意味《いみ》は知《し》っているかな?

初夏《しょか》

6〜7月《がつ》

袋《ふくろ》がけと反《はん》しゃシート

これは桃《もも》の品種《ひんしゅ》にもよるけど、虫《むし》や日焼《ひや》けから実《み》を守《まも》るために、桃《もも》に袋《ふくろ》をかけるよ。しゅうかくの10日《か》前《まえ》には袋《ふくろ》を外《はず》すよ。

ほかにも、桃《もも》の木《き》の下《した》に白《しろ》や銀色《ぎんいろ》の反《はん》しゃシートをしいて、太陽《たいよう》の光《ひかり》を反《はん》しゃさせて、下《した》から光《ひかり》を当《あ》てて桃《もも》の着色《ちゃくしょく》をうながすこともするよ。

夏《なつ》

7〜8月《がつ》

収穫《しゅうかく》（しゅうかく）

いよいよしゅうかく！ポイントは、「熟度《じゅくど》」。熟《じゅく》していれば甘《あま》くなるけど、熟《じゅく》しすぎているとやわらかくなりすぎて、傷《いた》みやすくなるんだ。だから、ほどよい「固《かた》さ」を見《み》きわめて、その一瞬《いっしゅん》をねらってしゅうかくしているよ。天候《てんこう》によっても味《あじ》が左右《さゆう》されるから、天気《てんき》も常《つね》にチェックしているよ。

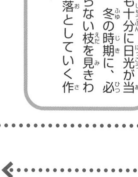

やってみよう！

言葉《ことば》の意味《いみ》を調《しら》べてみましょう。

「まびく」の意味《いみ》を辞書《じしょ》で調《しら》べて書《か》きましょう。

まびく

3回《かい》の「まびく」作業《さぎょう》は、名前《なまえ》がちがうよ。

3月《がつ》

摘蕾（てきらい）

すべてのつぼみがそのまま育《そだ》つと、養分《ようぶん》のとりあいになって実《み》が大《おお》きくならないから、全体《ぜんたい》の半分《はんぶん》ほどのつぼみを取《と》るよ。

4月《がつ》

摘花（てきばな）

桃《もも》の花《はな》が咲《さ》きはじめるよ。摘蕾（てきらい）で見《み》おとしていた、ここで実《み》が大《おお》きくなったらとなりの実《み》とぶつかってしまうかも、という場《ば》所《しょ》にある花《はな》をつんでいくよ。

6月《がつ》

摘果（てっか）

このころにはすでに小《ちい》さな実《み》になって固《かた》くなっているよ。たくさんの実《み》をつけすぎると、木《き》が弱《よわ》ってしまうからバランスを見《み》て実《み》をはじいていくよ。

秋《あき》 9〜11月《がつ》

肥料《ひりょう》まき

じつはしゅうかくで仕事《しごと》は終《お》わりじゃないんだ。さいごに、大事《だいじ》な肥料《ひりょう》まきが2回《かい》あるよ。

1回目《かいめ》は「お礼肥（おれいごい）」。おいしい桃《もも》を実《みの》らせるまでがんばってくれた木《き》に対《たい》して、すぐに効《き》く肥料《ひりょう》をまくんだ。

2回目《かいめ》は11月《がつ》ごろにおこなう「基肥（もとごい）」。これは次《つぎ》の年《とし》の春《はる》からしゅうかくまでの間《あいだ》に効《き》かせるための肥料《ひりょう》だよ。このときから、来年《らいねん》もおいしい桃《もも》を育《そだ》てるために準備《じゅんび》をしておくよ。

桃《もも》ができるまでのこと、ぜんぜん知《し》らなかったなあ。

桃農家《もものうか》さんから、いろんな話《はなし》が聞《き》けたみたいね。では、次《つぎ》は、おいしい桃《もも》をつくるまでの流《なが》れを穴埋《あなう》め作文《さくぶん》でまとめていきましょう。

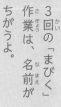

ステージ2

桃農家《もものうか》さんからおしえてもらったことを、穴埋《あなう》め作文《さくぶん》でまとめていきましょう。前《まえ》のページの内容《ないよう》を見《み》ながらひとつひとつ書《か》いていけば大丈夫《だいじょうぶ》よ！

穴埋《あなう》め作文《さくぶん》を書《か》く前《まえ》に、キミが桃農家《もものうか》さんから話《はなし》を聞いて、とくにビックリした話《はなし》や、「これは人《ひと》に伝《つた》えたい情報《じょうほう》かも！」と思《おも》ったものをえらんでメモしておきましょう。

（　　　　　　　　　　）

やってみよう！

穴埋《あなう》め作文《さくぶん》にチャレンジ！

【　】内《ない》はあてはまる方《ほう》にマルをつけよう

ステージ1で桃農家《もものうか》さんからおしえてもらった、桃《もも》が育《そだ》つまでの一年間《いちねんかん》の流《なが》れをもとに、穴埋《あなう》め作文《さくぶん》をつくっていきましょう。

はじめ

おいしい桃《もも》が育《そだ》つまでの一年間《いちねんかん》の流《なが》れをおしえてもらいました。

桃《もも》の旬《しゅん》の時期《じき》は（①桃《もも》をしゅうかくする時期《じき》はいつだったかな？）ですが、おいしい桃《もも》を育《そだ》てるためには、見《み》えない努力《どりょく》がたくさんありました。

なか

まずは冬《ふゆ》。さいしょに、桃農家《もものうか》さんがおこなうのは、（②1～2月《がつ》におこなう作業《さぎょう》はなんだったかな？）です。

この作業《さぎょう》は、（③この作業《さぎょう》をおこなう理由《りゆう》・目的《もくてき》はなんだったかな？）ためにおこないます。

そして、3月《がつ》の春先《はるさき》におこなうのが、（④3月《がつ》におこなう作業《さぎょう》はなんだったかな？）です。

さらに、つぼみが大《おお》きくなり、花《はな》が咲《さ》くと、（⑤花《はな》が咲《さ》いたあとにおこなう作業《さぎょう》はなんだったかな？）という作業《さぎょう》をおこないます。

そして6月《がつ》ごろ、（⑥6月《がつ》ごろにおこなう作業《さぎょう》はなんだったかな？）をおこないます。これらは、（⑦これらの作業《さぎょう》が必要《ひつよう》な理由《りゆう》はなんだったかな？　　）ことをふせぎ、おいしい桃《もも》をつくるために必要《ひつよう》な作業《さぎょう》です。

また、しゅうかくの前《まえ》には、（⑧6〜7月《がつ》はどんな作業《さぎょう》が必要《ひつよう》だったかな？）や（　　）をおこなうこともあります。

こうして、一年《いちねん》かけて育《そだ》てた桃《もも》の木《き》には、8月《がつ》に大《おお》きな桃《もも》が実《みの》ります。しゅうかくでの大事《だいじ》なポイントは、（⑨7〜8月《がつ》のしゅうかくでのポイントはなんだったかな？）です。

そして、秋《あき》には、（⑩9〜11月《がつ》におこなう作業《さぎょう》はなんだったかな？）をおこない、一年《いちねん》を終《お》えます。

まとめ

今回《こんかい》、おいしい桃《もも》が育《そだ》つまでの工夫《くふう》を学《まな》んで、（桃農家《もものうか》さんから桃《もも》の育《そだ》て方《かた》をおしえてもらって、どんなことを感《かん》じたかな？）と思《おも》いました。

とくに、（キミはどの作業《さぎょう》が印象的《いんしょうてき》だったかな？）の作業《さぎょう》は、【意外《いがい》／大変《たいへん》そう／おどろき／（自分《じぶん》で考《かんが》えてもOKだよ）】でした。

これまで、【ぼく／わたし】は、おいしい桃《もも》が育《そだ》つには、（今《いま》まで、おいしい桃《もも》が育《そだ》つために何《なに》が大事《だいじ》だと思《おも》っていたかな？）が大事《だいじ》だと思《おも》っていましたが、（今回《こんかい》、桃農家《もものうか》さんの話《はなし》を聞《き》いて、何《なに》が大事《だいじ》だとわかったかな？）が大事《だいじ》だと知《し》りました。

これから桃《もも》を食《た》べるときは、（どんな気持《きも》ちでこれから桃《もも》を食《た》べてみたいと思《おも》ったかな？　（例《れい》）桃農家《もものうか》さんの苦労《くろう》を思《おも》い出《だ》しながら食《た》べようと思《おも》います）。

おしえてもらった話《はなし》をまとめてみると、さいしょに聞《き》いたときよりも、もっと理解《りかい》できたよ。

そうね！　情報《じょうほう》をまとめるのは大事《だいじ》なことだね。今回《こんかい》の穴埋《あなう》め作文《さくぶん》は、情報《じょうほう》を整理《せいり》するためのイメージなので、作文《さくぶん》ではこの通《とお》りに書《か》かなくてもOKよ。では、この内容《ないよう》を作文《さくぶん》にまとめていきましょう！

ステージ3

テーマ

おいしい桃《もも》の育《そだ》て方《かた》

目標《もくひょう》文字数《もじすう》

1～2年生《ねんせい》＝200文字《もじ》以上《いじょう》
3～4年生《ねんせい》＝300文字《もじ》以上《いじょう》
5～6年生《ねんせい》＝400文字《もじ》以上《いじょう》

今回《こんかい》は、目標《もくひょう》文字《もじ》数《すう》よりも多《おお》くなるかもしれないね。その場合《ばあい》は、ノートにつづきを書《か》いてもＯＫよ！

はじめ おいしい桃《もも》の育《そだ》て方《かた》について、これからしょうかいすることやキミの桃《もも》への思《おも》いを書《か》こう。

段落《だんらく》のはじめは
1マスあけよう!

ジャーさんからのアドバイス

桃農家《もものうか》さんから聞《き》いた「おいしい桃《もも》が育《そだ》つまでの一年《いちねん》の流《なが》れ」を説明《せつめい》するときは、穴埋《あなう》め作文《さくぶん》で書《か》いたように、なるべく情報《じょうほう》をコンパクトにまとめながら書《か》きましょう。

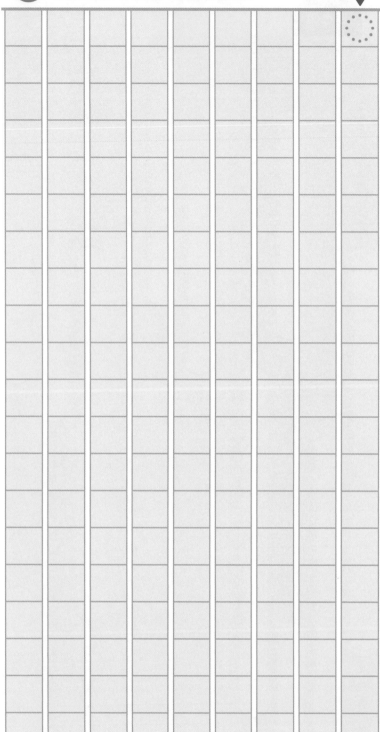

まとめ 桃《もも》の育《そだ》て方《かた》を知《し》ってどう思《おも》ったかや、知《し》る前《まえ》とくらべて桃《もも》への気持《きも》ちがどう変《か》わったかを書《か》こう。

なか 桃農家《もものうか》さんから聞《き》いた、桃《もも》を育《そだ》てるためのポイントや一年《いちねん》の流《なが》れを書《か》こう。

すばらしい！
400字

すごいぞ！
300字

いい感じ！
200字

読《よ》んだ人《ひと》からひとこと！

感想欄《かんそうらん》

すばらしい / おもしろい / たくさん書《か》けたね！ / 感動《かんどう》！！ / へぇ～知《し》らなかったなぁ / たしかにそうだよね / つづきをもっと読《よ》みたい！ / 作文《さくぶん》を書《か》けてえらいぞ！

コメント欄《らん》

作文《さくぶん》に取《と》り組《く》めたキミに拍手《はくしゅ》！

書《か》き方《かた》に迷《まよ》ったら、例文《れいぶん》を参考《さんこう》にしてみよう。
作文《さくぶん》が書《か》けたら、おうちの人《ひと》などに読《よ》んでもらい、コメントや感想《かんそう》を書《か》いてもらおう！

第《だい》6章《しょう》

秘密《ひみつ》の小部屋《こべや》

この章《しょう》の目標《もくひょう》

自分《じぶん》の意見《いけん》や思《おも》いを伝《つた》えよう！

さいごの章《しょう》では、いよいよ意見文《いけんぶん》と読書感想文《どくしょかんそうぶん》にチャレンジ！
これまでのワークで身《み》につけてきた、「気持《きも》ちの表現力《ひょうげんりょく》」「五感力《ごかんりょく》」「想像力《そうぞうりょく》」「情報整理力《じょうほうせいりりょく》」などを使《つか》いながら、取《と》り組《く》んでいきましょう。
大事《だいじ》なポイントは、「自分《じぶん》の思《おも》いが書《か》けているか」「今《いま》までにキミが経験《けいけん》したことが作文《さくぶん》の中《なか》に書《か》けているか」ということよ。
意見文《いけんぶん》のテーマや、本《ほん》の内容《ないよう》に心《こころ》を寄《よ》せて、「自分《じぶん》ならどう思《おも》うかな？」「自分《じぶん》も似《に》た経験《けいけん》をしたことがあるかな？」というふうに、自分自身《じぶんじしん》に問《と》いかけながら、書《か》き進《すす》めてみましょう。

work1

扉《とびら》は開《あ》いたけど、
ここはなんだろう？
小《ちい》さな部屋《へや》みたいだ。あ、
机《つくえ》の上《うえ》に、作文用紙《さくぶんようし》がある。
ホーホーホー。
ついに秘密《ひみつ》の小部屋《こべや》まで
たどり着《つ》いたのう。
この部屋《へや》では、
2つのテーマの作文《さくぶん》を
書《か》いてもらうぞ。
1つ目《め》が、
「意見文《いけんぶん》」じゃ。
「意見文《いけんぶん》」？
えぇ～……、
むずかしそう。
意見《いけん》なんて
うかんでくるかなぁ？

やってみよう！

次《つぎ》のテーマの中《なか》から自分《じぶん》で書《か》いてみたいテーマをえらんでマルをつけましょう。

テーマ

1

「学校《がっこう》の先生《せんせい》たちが全員《ぜんいん》AIロボットになってしまったら？」

先生《せんせい》たちが全員《ぜんいん》AIロボットになって、毎日《まいにち》の授業《じゅぎょう》はゆうしゅうなAIロボットの先生《せん》生《せい》たちが授業《じゅぎょう》をしてくれることになったよ。キミはどう思《おも》う？

ジャーさんからのアドバイス

「意見文《いけんぶん》」とは、自分《じぶん》の意見《いけん》を作文《さくぶん》に書《か》くものね。
「どうして、そう思《おも》ったのか？」や、賛《さん》成《せい》か反対《はんたい》かなどの理由《りゆう》を書《か》く作文《さくぶん》よ。
ポイントは、テーマを自分《じぶん》の頭《あたま》の中《なか》で想像《そうぞう》できるかどうか。
そのテーマの世界《せかい》の中《なか》に自分《じぶん》を立《た》たせてみて、どう感《かん》じるかを考《かんが》えていくといいわよ。

2

「友《とも》だちのおもちゃをこわしてしまったら？」

友《とも》だちから1か月《げつ》借《か》りていたおもちゃをこわしてしまった。でも、1か月《げつ》借《か》りていても何《なに》も言《い》われないし、このままだまっていてもばれないかもしれない。キミならどうする？

3

「もし、学校《がっこう》のそうじの時間《じかん》がなくなったら？」

そうじの時間《じかん》が大好《だいす》きな人《ひと》って少《すく》ないよね。もし、明日《あした》から「学校《がっこう》のそうじは毎日《まいにち》しなくていいよ！ 好《す》きなときに、やりたい人《ひと》だけやっていいよ！」という校則《こうそく》ができたら、キミは賛成《さんせい》？ 反対《はんたい》？

4

「2つの世界《せかい》をえらべるならどっちをえらぶ？」

どんなねがいごともすぐにかなってしまう世界《せかい》か、がんばらないとかなわない世界《せかい》。キミならどちらをえらぶ？

5

「小学校《しょうがっこう》に生徒《せいと》一人《ひとり》だけ。島《しま》にのこる？ 島《しま》をはなれる？」

過《か》そ化《か》で、ある島《しま》の小学校《しょうがっこう》の生徒《せいと》が自分一人《じぶんひとり》になってしまった。運動会《うんどうかい》もできないし、野球《やきゅう》もサッカーもできない。キミだったら島《しま》の外《そと》の学校《がっこう》に転校《てんこう》する？ それとも、島《しま》の小学校《しょうがっこう》に通《かよ》いつづける？

意見文《いけんぶん》って、いろんなテーマがあるんだね。

テーマを決《き》めたら、作文《さくぶん》にどんなことを書《か》いていくか、自分《じぶん》の意見《いけん》は何《なに》かを穴埋《あなう》め作文《さくぶん》で整理《せいり》していくのじゃ。

やってみよう！

穴《あな》埋《う》め作文《さくぶん》にチャレンジ！

【　】内《ない》はあてはまる方《ほう》にマルをつけよう

ステージ1でえらんだテーマで、穴《あな》埋《う》め作文《さくぶん》をつくっていきましょう。

はじめ

【ぼく／わたし】がえらんだテーマは、（キミがえらんだテーマを書《か》こう。テーマはそのとおり書《か》かずに、キミなりに要約《ようやく》してしまってもOKだよ　（例《れい》）もしもそうじの時《じ》間《かん》がなくなったらどうするか　）です。

【ぼく／わたし】のこのテーマに対《たい》する意見《いけん》は、（もし、賛成《さんせい》か反対《はんたい》かでこたえられるテーマならどちらかにマルをつけよう⬇）【賛成《さんせい》／反対《はんたい》】です。

（どうするか、またはどちらがいいか聞《き》かれている場合《ばあい》はキミの意見《いけん》をここに書《か》こう⬇）
（　　）

（　　）。

なか

どうしてそう思《おも》ったのかというと、

（キミの意見《いけん》の理由《りゆう》を書《か》こう　（例《れい》）今《いま》までは毎日《まいにち》みんなでやっていたそうじですが、もし好《す》きなときにやりたい人《ひと》だけがやるとなったら、そうじをする人《ひと》は少《すく》ないと思《おも》うからです　）。

次《つぎ》の接続詞《せつぞくし》のうち、合《あ》うものをえらんでマルをつけよう。ない場合《ばあい》は自分《じぶん》で考《かんが》えてもOKだよ

【どうしてかというと、／それは、／また、／なぜなら／、（　　）】

（意見文《いけんぶん》はキミの意見《いけん》こそが主役《しゅやく》だ！　キミの意見《いけん》をもっと書《か》いてみよう！　（例《れい》）また、そうじをしようとする人《ひと》も、「自分《じぶん》だけがそうじをするのはずるい」といやな気持《きも》ちになると思《おも》います）。

（　　）。

次《つぎ》の接続詞《せつぞくし》のうち、合《あ》うものをえらんでマルをつけよう。ない場合《ばあい》は自分《じぶん》で考《かんが》えてもOKだよ

【どうしてかというと、／それは、／また、／なぜなら、／（　　）】

キミの意見《いけん》をもっと書《か》いてみよう！　(例《れい》)そして、そうじをする人《ひと》としない人《ひと》でケンカになってしまうかもしれません

（　　）。

反対《はんたい》に、（　　）

反対意見《はんたいいけん》も想像《そうぞう》して書《か》いてみよう　(例《れい》)もし、今《いま》のようにそうじをする時間《じかん》を決《き》めて、みんなでいっしょに取《と》り組《く》めば、学校《がっこう》は毎日《まいにち》キレイになります。

（　　）。

まとめ

ここまで書《か》いてきた自分《じぶん》の意見《いけん》をテーマのこたえになるようにまとめてみよう　(例《れい》)わたしは、そうじの時間《じかん》はあまり好《す》きではないけれど、そうじの時間《じかん》がなくなってしまったら自分《じぶん》たちの使《つか》う場所《ばしょ》がきたなくなってしまうので、やっぱりみんなでいっしょにおこなうそうじの時間《じかん》は必要《ひつよう》だと思《おも》います

（　　）。

さいしょは、「まとめ」の意見《いけん》までうかばなかったけど、書《か》き進《すす》めるうちに、自分《じぶん》の意《い》見《けん》がどんどん出《で》てきたよ。

書《か》いていくうちに考《かんが》えが整理《せいり》されて、いろんなアイディアがうかんでくることもあるわ。しっかり考《かんが》えられている証《あかし》ね！　次《つぎ》は、この穴埋《あなう》め作文《さくぶん》を作文用紙《さくぶんようし》にまとめてみましょう。

work1

Q

作文《さくぶん》を書《か》く前《まえ》に、もう一度《いちど》、自分《じぶん》が伝《つた》えたい意見《いけん》を整理《せいり》しておきましょう。

キミが今回《こんかい》のテーマで、伝《つた》えたい意見《いけん》はどんなことかな？
穴埋《あなう》め作文《さくぶん》から、キミが考《かんが》えたことを3つまでえらび、メモとして書《か》いておきましょう。

①（　　）（例《れい》）そうじの時間《じかん》がなくなったら、だんだん学校《がっこう》はきたなくなると思《おも》う。

②（　　）（例《れい》）そうじをする人《ひと》たちがそうじをしない人《ひと》に対《たい》していやな気持《きも》ちになると思《おも》う。

③（　　）（例《れい》）やっぱり、全員《ぜんいん》でいっせいにそうじをする時間《じかん》は必要《ひつよう》だと思《おも》う。

目標文字数《もくひょうもじすう》
1～2年生《ねんせい》＝200文字以上《もじいじょう》
3～4年生《ねんせい》＝300文字以上《もじいじょう》
5～6年生《ねんせい》＝400文字以上《もじいじょう》

では、この3つのキミの意見《いけん》を伝《つた》えることを目標《もくひょう》に、作文用紙《さくぶんようし》に書《か》いてみましょう！

テーマ

はじめ　えらんだテーマと、そのテーマに対《たい》してのキミの意見《いけん》を書《か》こう。

段落《だんらく》のはじめは1マスあけよう！

ジャーさんからのアドバイス

まずは、ステージ2でつくった穴埋《あなう》め作文《さくぶん》を見《み》ながら書《か》いてもいいし、ちがうことを書《か》いてもいいよ。この作文《さくぶん》を読《よ》む人《ひと》に伝《つた》えたいことを入《い》れて、どんどん書《か》いてみましょう！

まとめ ここまで書《か》いてきたキミの意見《いけん》と思《おも》いをまとめてみよう。

なか どうしてそう思《おも》うのかという理由《りゆう》を書《か》こう。１つでなく、いくつも書《か》けるといいね。

すばらしい！
400字

すごいぞ！
300字

いい感じ！
200字

読《よ》んだ人《ひと》からひとこと！

感想欄《かんそうらん》：すばらしい／おもしろい／たくさん書《か》けたね！／感動《かんどう》！！／へぇ～知《し》らなかったなぁ／たしかにそうだよね／つづきをもっと読《よ》みたい！／作文《さくぶん》を書《か》けてえらいぞ！

コメント欄《らん》

作文《さくぶん》に取《と》り組《く》めたキミに拍手《はくしゅ》！

書《か》き方《かた》に迷《まよ》ったら、例文《れいぶん》を参考《さんこう》にしてみよう。
作文《さくぶん》が書《か》けたら、おうちの人《ひと》などに読《よ》んでもらい、コメントや感想《かんそう》を書《か》いてもらおう！

work2

穴埋《あなう》め作文《さくぶん》にチャレンジ！

やった！はじめて意見文《いけんぶん》を書《か》けたよ！

ステージ1からもう1つ好《す》きなテーマをえらんで、穴埋《あなう》め作文《さくぶん》をつくっていきましょう。

【 】内《ない》はあてはまる方《ほう》にマルをつけよう

この流《なが》れでもう1つ、意見文《いけんぶん》を完成《かんせい》させてみよう！

ジャーさんからのアドバイス

ポイントは、さっきと同《おな》じだよ！テーマを自分《じぶん》の頭《あたま》の中《なか》で想像《そうぞう》することが大切《たいせつ》だよ。では、穴埋《あなう》め作文《さくぶん》からスタート！

はじめ

【ぼく／わたし】がえらんだテーマは、

（キミがえらんだテーマを書《か》こう　(例《れい》)島《しま》の小学校《しょうがっこう》の生徒《せいと》が自分一人《じぶんひとり》になったらどうするか）です。

【ぼく／わたし】のこのテーマに対《たい》する意見《いけん》は、

（もし、賛成《さんせい》か反対《はんたい》かでこたえられるテーマなら⬇）【賛成《さんせい》／反対《はんたい》】です。

（どうするか、またはどちらがいいか聞《き》かれている場合《ばあい》はキミの意見《いけん》をここに書《か》こう⬇）

（キミの意見《いけん》を聞《き》かせてね　(例《れい》)ぼくは、たとえ小学生《しょうがくせい》が自分一人《じぶんひとり》になっても、転校《てんこう》せず島《しま》にのこると思《おも》います）。

どうしてそう思《おも》ったのかというと、

（せっかくその島《しま》で生《う》まれたのに、島《しま》に小学生《しょうがくせい》が自分一人《じぶんひとり》しかいないという理由《りゆう》で島《しま》をはなれてしまうのはもったいないと思《おも》うからです）。

なか

次《つぎ》の接続詞《せつぞくし》のうち、合《あ》うものをえらんでマルをつけよう。ない場合《ばあい》は自分《じぶん》で考《かんが》えてもOKだよ

【どうしてかというと、／それは、／また、／なぜなら、／（　）】

（意見文《いけんぶん》はキミの意見《いけん》こそが主役《しゅやく》だ！キミの意見《いけん》をもっと書《か》いてみよう！　(例《れい》)また、島《しま》には都会《とかい》とはちがう生《い》き物《もの》や自然《しぜん》など、ステキなものがたくさんあると思《おも》います）

次《つぎ》の接続詞《せつぞくし》のうち、合《あ》うものをえらんでマルをつけよう。ない場合《ばあい》は自分《じぶん》で考《かんが》えてもOKだよ

【どうしてかというと、／それは、／また、／なぜなら、／　】

(例《れい》)そして、島《しま》のおじいさんやおばあさんと友《とも》だちになって、都会《とかい》の子《こ》どもが知《し》らないような知識《ちしき》をおしえてもらったり、自然豊《しぜんゆた》かな場所《ばしょ》でたくさん体《からだ》を動《うご》かすこともできます

。

。

反対《はんたい》に、

ここで反対意見《はんたいいけん》も想像《そうぞう》して書《か》いてみよう　(例《れい》)もし島《しま》をはなれてしまったら、その島《しま》のいいところに気《き》づかないまま大人《おとな》になってしまうかもしれません

。

まとめ

ここまで書《か》いてきた自分《じぶん》の意見《いけん》をテーマのこたえになるようにまとめてみよう　(例《れい》)だから、ぼくは、もし小学校《しょうがっこう》に自分一人《じぶんひとり》しか生徒《せいと》がいなくなったとしても、島《しま》にのこって、その島《しま》の良《よ》さをたくさん見《み》つけたいと思《おも》いました

。

1回目《かいめ》よりも自分《じぶん》の意見《いけん》がうかんでくるようになったかも！

すばらしい！さぁ、ここで書《か》いた内容《ないよう》を、作文用紙《さくぶんようし》にまとめてみるのじゃ。

今回《こんかい》も作文《さくぶん》を書《か》きはじめる前《まえ》に、もう一度《いちど》、自分《じぶん》が伝《つた》えたい意見《いけん》を整理《せいり》しておきましょう。

Q

今回《こんかい》のテーマについて、伝《つた》えたい意見《いけん》はどんなことが出《で》てきたかな？
3つまでえらんでメモとして書《か》いておきましょう。

①（例《れい》）小学生《しょうがくせい》は自分一人《じぶんひとり》でも、島《しま》の大人《おとな》も友《とも》だちになってくれると思《おも》う。

②（例《れい》）島《しま》の大人《おとな》から島《しま》についてのいろいろな知識《ちしき》を教《おし》えてもらえると思《おも》う。

③（例《れい》）島《しま》でくらすことで島《しま》のいいところをたくさん見《み》つけられて、いろんな人《ひと》に島《しま》の良《よ》さを伝《つた》えられるかもしれない。

目標文字数《もくひょうもじすう》

1〜2年生《ねんせい》＝200文字以上《もじいじょう》
3〜4年生《ねんせい》＝300文字以上《もじいじょう》
5〜6年生《ねんせい》＝400文字以上《もじいじょう》

では、この3つのキミの意見《いけん》を伝《つた》えることを目標《もくひょう》に、作文用紙《さくぶんようし》に書《か》いてみましょう！

テーマ

はじめ えらんだテーマと、そのテーマに対《たい》してのキミの意見《いけん》を書《か》こう。

段落《だんらく》のはじめは1マスあけよう！

ジャーさんからのアドバイス

まずは、ステージ2でつくった穴埋《あなう》め作文《さくぶん》を見《み》ながら書《か》いてもいいし、ちがうことを書《か》いてもいいよ。この作文《さくぶん》を読《よ》む人《ひと》に伝《つた》えたいことを入《い》れて、どんどん書《か》いてみましょう！

まとめ ここまで書《か》いてきたキミの意見《いけん》とキミの思いをまとめてみよう。

なか どうしてそう思《おも》うのかという理由《りゆう》を書《か》こう。１つでなく、いくつも書《か》けるといいね。

すばらしい！
400字

すごいぞ！
300字

いい感じ！
200字

読《よ》んだ人《ひと》からひとこと！

感想欄《かんそうらん》

すばらしい	おもしろい	たくさん書《か》けたね！	感動《かんどう》!!	へぇ～知《し》らなかったなぁ	たしかにそうだよね	つづきをもっと読《よ》みたい！	作文《さくぶん》を書《か》けてえらいぞ！

コメント欄《らん》

作文《さくぶん》に取《と》り組《く》めたキミに拍手《はくしゅ》！

書《か》き方《かた》に迷《まよ》ったら、例文《れいぶん》を参考《さんこう》にしてみよう。
作文《さくぶん》が書《か》けたら、おうちの人《ひと》などに読《よ》んでもらい、コメントや感想《かんそう》を書《か》いてもらおう！

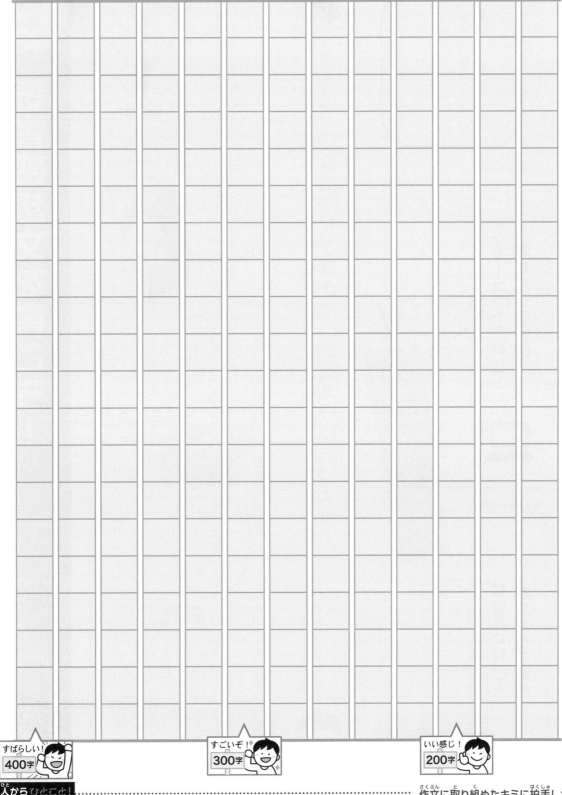

2 読《どく》書《しょ》感《かん》想《そう》文《ぶん》を書《か》こう!

感《かん》想《そう》文《ぶん》I

ステージ1

あれ? 小部屋《こべや》の先《さき》に、また小部屋《こべや》があるよ!
ホーホーホー。いよいよ、ここがさいごの秘密《ひみつ》の小部屋《こべや》じゃ。ここでは、苦手《にがて》な子《こ》の多《おお》い、読書感想文《どくしょかんそうぶん》にチャレンジするぞ。
読書感想文《どくしょかんそうぶん》?! ぼく、苦手《にがて》だよ。
読書感想文《どくしょかんそうぶん》と言《い》っても、キミがここまでトレーニングしてきた力《ちから》を使《つか》えば、何《なに》もこわくはないぞ。自分《じぶん》の気持《きも》ちを書《か》いた「遊《あそ》びの広場《ひろば》」や、五感《ごかん》をきたえた「迷路《めいろ》の塔《とう》」も、すべてが役《やく》に立《た》つぞ。がんばっておくれ!

やってみよう!

まずは、読《どく》書《しょ》感《かん》想《そう》文《ぶん》を書《か》きたい本《ほん》をえらびましょう!

みんなも読書感想文《どくしょかんそうぶん》にチャレンジしたい本《ほん》は決《き》まったかな? これから読《よ》む本《ほん》をさがす場合《ばあい》は、まずは本《ほん》えらびのポイントを伝《つた》えるわ。

ぼくにも書《か》けるかな?

本《ほん》えらびのポイント

- インターネットで調《しら》べて本《ほん》をえらぶ場《ば》合《あい》
- 図《と》書《しょ》館《かん》に行《い》って、本《ほん》をえらぶ場《ば》合《あい》

①事前《じぜん》にインターネットなどでおうちの人《ひと》と調《しら》べられるなら、キミのきょうみのある分野《ぶんや》で本《ほん》を検索《けんさく》してみよう。

(例《れい》)「冒険《ぼうけん》　シリーズ　童話《どうわ》」

「サッカー　小学生《しょうがくせい》向《む》け　本《ほん》」など

②いくつか気《き》になる本《ほん》が見《み》つかったら、図《と》書館《しょかん》や書店《しょてん》の「蔵書検索《ぞうしょけんさく》」でさがしてみよう。実際《じっさい》に実物《じつぶつ》を手《て》に取《と》って、「表紙《ひょうし》」や「目次《もくじ》」の内容《ないよう》などを見《み》て、気《き》になる本《ほん》を決《き》めてみよう。

みんなは読書感想文《どくしょかんそうぶん》で書《か》きたい本《ほん》は決《き》まったかな？

①そのまま図書館《としょかん》に行《い》って、いろいろな本《ほん》を見《み》てから決《き》めたい場合《ばあい》は、「背表紙《せびょうし》」「表紙《ひょうし》」「目次《もくじ》」などの内容《ないよう》を見《み》て、「おもしろそうかどうか？」「きょうみをもって読《よ》み進《すす》められそうか？」という視点《してん》で、えらんでみるのもいいよ！

②きょうみを持《も》った本《ほん》から2～3冊《さつ》借《か》りてきて、あとは自宅《じたく》でパラパラと開《ひら》いてみてから、これを「さいごまで読《よ》んでみたい」と思《おも》う本《ほん》を決《き》めてみよう。

ぼくは決《き》まったよ！

ジャーさんからのアドバイス

これから本《ほん》を読《よ》み進《すす》める場合《ばあい》は、ふせんを用意《ようい》するのがおすすめよ。

本《ほん》を読《よ》み進《すす》めながら、自分《じぶん》の気持《きも》ち・感情《かんじょう》が出《で》てきたページにふせんをはっておきましょう。

～ふせんをはるポイント～
①ビックリした！感動《かんどう》した！かなしかった！イライラした！うれしかった！など何《なに》か気持《きも》ちを感《かん》じたときに、ふせんをペタっとはろう。
②ポジティブな感情《かんじょう》は赤系《あかけい》の色《いろ》。ネガティブな感情《かんじょう》は青系《あおけい》の色《いろ》、と色《いろ》で分《わ》けたり、自分《じぶん》で工夫《くふう》してみてもいいね。

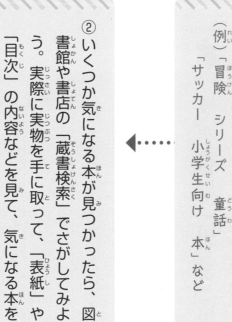

ワークシート

やってみよう!

読《よ》んだ本《ほん》の情報《じょうほう》をまとめましょう!

①本《ほん》のタイトル

②本《ほん》を書《か》いた人《ひと》（作者《さくしゃ》）

③どうして、この本《ほん》を読《よ》もうと思《おも》ったの?

（例《れい》）たまねぎ様《さま》の絵《え》がとてもかわいくて、おもしろそうな本《ほん》だなと思《おも》って読《よ》んでみました。

やってみよう!

登場人物《とうじょうじんぶつ》についてまとめましょう!

（登場人物《とうじょうじんぶつ》が出《で》てこない本《ほん》を読《よ》んだ人《ひと》は⑨〜⑩のみ取《と》り組《く》みましょう）

登場人物《とうじょうじんぶつ》ワーク

①主人公《しゅじんこう》の名前《なまえ》

②ほかの登場人物《とうじょうじんぶつ》と、登場人物《とうじょうじんぶつ》との関係《かんけい》を書《か》き込《こ》もう！

③登場人物《とうじょうじんぶつ》の性格《せいかく》は？　どんな性格《せいかく》だと思《おも》う？

(例《れい》)ゆうかん、やさしい、いじわる、友《とも》だち思《おも》い、弱気《よわき》など

④自分《じぶん》に似《に》ているところはある？

(例《れい》)ぼうけんが好《す》きなところ。

⑤キミが気《き》に入《い》った登場人物《とうじょうじんぶつ》はだれ？

⑥それはどうして？

(例《れい》)とてももの知《し》りでなんでも知《し》っているから。

⑦キミがきらい・または苦手《にがて》な登場人物《とうじょうじんぶつ》はだれ？

⑧それはどうして？

(例《れい》)ウソつきで、人《ひと》を傷《きず》つけるから。

⑨印象《いんしょう》に残《のこ》った登場人物《とうじょうじんぶつ》のセリフや本《ほん》の中《なか》に出《で》てくるフレーズを書《か》いてみよう

(例《れい》)「人《ひと》も生《い》き物《もの》も、植物《しょくぶつ》も、土《つち》から生《う》まれて土《つち》にかえるだけじゃ。」

⑩それはどうして？

(例《れい》)今《いま》、世界《せかい》でかだいとなっているゴミ問題《もんだい》をかいけつするためのヒントになると思《おも》ったから。

この本《ほん》を読《よ》んで感《かん》じたキミの気持《きも》ちをまとめてみましょう。

やってみよう!

この本《ほん》を読《よ》んで、どんなことを感《かん》じたかな?

工作《こうさく》ワーク

きみの気持《きも》ち・ワーク

①この本《ほん》を読《よ》んで、どんな場面《ばめん》でどんな気持《きも》ちを感《かん》じたかな?
工作《こうさく》シート②の中《なか》からキミの気持《きも》ちに合《あ》うイラストをはろう! 自分《じぶん》で表情《ひょうじょう》を書《か》き込《こ》んでもOKだよ。
また、どうしてその気持《きも》ちになったのか、理由《りゆう》も書《か》こう。

(例《れい》)おばあちゃんがつくった紙芝居《かみしばい》に、孫《まご》たちはだれもきょうみを持《も》たなかったので、とてもかなしい気持《きも》ちになりました。

この中《なか》で、とくに強《つよ》い気持《きも》ちにマルをしよう!

②キミも同《おな》じ経験《けいけん》をしたことはあるかな?
まったく同《おな》じではなくても、似《に》たような経験《けいけん》を思《おも》い出《だ》して書《か》いてみよう!

(例《れい》)夏休《なつやす》みの自由研究《じゆうけんきゅう》でスイカを育《そだ》てたときに、スイカを食《た》べたあと、皮《かわ》を畑《はたけ》に捨《す》てたらいつのまにかスイカの皮《かわ》が土《つち》にかえっていたことがありました。

やってみよう!

「まとめ」で使《つか》う、キミの意見《いけん》を書《か》きましょう。

キミの意見《いけん》ワーク

①キミがこの本《ほん》を読《よ》んで、学《まな》んだこと・わかったこと・気《き》づいたことはどんなことかな?

(例《れい》)「土《つち》から生《う》まれて、土《つち》にかえる」ものをつくることは地球《ちきゅう》にとっても大事《だいじ》なことだとわかりました。

②キミがこの本《ほん》を読《よ》んで、こんなことをしたらよくないとわかったことは何《なに》かあるかな?(本《ほん》の内容《ないよう》によってはない場合《ばあい》もあるので、その場合《ばあい》は書《か》かなくてOK)

(例《れい》)埋《う》め立《た》てゴミは土《つち》にかえらないので、なるべく出《だ》さない方《ほう》がいいと思《おも》いました。

③この本《ほん》を読《よ》んでいない人《ひと》に、ぜひ伝《つた》えたいことはどんなことかな?本《ほん》を読《よ》んだキミがおしえてあげよう!

(例《れい》)地球《ちきゅう》のかんきょうを守《まも》るために今《いま》からできることを考《かんが》えよう。

④さいごに、この本《ほん》の主人公《しゅじんこう》と話《はな》せるとしたら、キミならどんなことを伝《つた》えたいかな?

(例《れい》)おばあちゃん、未来《みらい》の子《こ》どもたちにも残《のこ》る紙芝居《かみしばい》をつくってくれてありがとう。

やってみよう！

読書感想文《どくしょかんそうぶん》の構成《こうせい》を考えましょう！

本《ほん》を読《よ》んだだけでは、感想《かんそう》を言葉《ことば》にできなかったけど、ワークでまとめているうちに自分《じぶん》の気持《きも》ちも見《み》えてきた気《き》がする！

それは、だんだんと本《ほん》の世界《せかい》に入《はい》りこめているということじゃ！本《ほん》の世界《せかい》がイメージできるようになると、言葉《ことば》もどんどんうかんでくるようになるぞ。

ジャーさんからの**アドバイス**

次《つぎ》は、文章《ぶんしょう》の構成《こうせい》を決《き》めていきましょう。
構成《こうせい》というのは、作文《さくぶん》を書《か》く順番《じゅんばん》のこと。
この本《ほん》では、「はじめ」「なか」「まとめ」の構成《こうせい》をこれまで意識《いしき》してきたわね。
「おっ」と思《おも》わせる読書感《どくしょかん》想文《そうぶん》の構成《こうせい》パターンで考《かんが》えてみましょう。

さっき書《か》いた情報《じょうほう》を、この順番《じゅんばん》にまとめるといいんだね！

基本的《きほんてき》な読書感想文《どくしょかんそうぶん》の構成《こうせい》

はじめ

●**この本《ほん》をえらんだ理由《りゆう》**を書《か》く

(例《れい》)わたしがこの本《ほん》をえらんだのは、この本《ほん》の表紙《ひょうし》に、わたしが飼《か》っている犬《いぬ》にそっくりな真《ま》っ白《しろ》な犬《いぬ》が出《で》てきたからです。

なか1

●**この本《ほん》のあらすじ**を書《か》こう。

①さいしょにどんなことがあったか
②次《つぎ》にどんなことがあったか
③さいごにどうなったか

「おっ」と思《おも》わせる読書感想文《どくしょかんそうぶん》の構成《こうせい》

はじめ

●さいしょに、キミの「**気持《きも》ち**」や「**結論《けつろん》**」をバン！と書《か》く。

(例《れい》)ぞわっと、全身《ぜんしん》に鳥肌《とりはだ》が立《た》った。

(例《れい》)わたしは、この本《ほん》から、「ありがとう」という言葉《ことば》の力《ちから》を学《まな》んだ。

または、**このお話《はなし》のカギとなる本《ほん》の中《なか》のセリフや言葉《ことば》**などから一番印象《いちばんいんしょう》にのこった言葉《ことば》を書《か》くのもおすすめだよ。

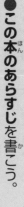

なか2

●この本《ほん》の中《なか》で、**自分《じぶん》の気持《きも》ちが動《うご》いた場面《ばめん》**のしょうかいと、「その場面《ばめん》で自分《じぶん》はどう思《おも》ったか」とその理由《りゆう》を書《か》いてみよう。1つ～2つえらぶといいよ。

●それについて、**自分《じぶん》が体験《たいけん》したことや経験《けいけん》したこと**の中《なか》で、その出来事《できごと》とくらべて、共感《きょうかん》したことなど、「自分自身《じぶんじしん》のこと」を書《か》いてみよう。

おわり

●自分《じぶん》は**この本《ほん》からこんなことを学《まな》んだ**ということを書《か》いてみよう。

●そして、それは明日《あした》からの自分《じぶん》の人生《じんせい》や考《かんが》え方《かた》、行動《こうどう》にこんな影響《えいきょう》を与《あた》えるだろうという結論《けつろん》を書《か》いてみよう。

さぁ、構成例《こうせいれい》を参考《さんこう》に、自分《じぶん》はどんな構成《こうせい》で書《か》くか、作文《さくぶん》に書《か》きはじめる前《まえ》にノートなどにメモしておこう。

(例《れい》)「人《ひと》も生《い》き物《もの》も、土《つち》にかえるのじゃ」

●次《つぎ》にその気持《きも》ち・結論《けつろん》・セリフなどに対《たい》しての説《せつ》明《めい》を書《か》こう。

なか1

●**この本《ほん》をえらんだ理由《りゆう》**を書《か》いてから、この本《ほん》のあらすじを書《か》こう。
①さいしょにどんなことがあったか
②次《つぎ》にどんなことがあったか
③さいごにどうなったか

なか2

●**自分《じぶん》の体験《たいけん》したことや経験《けいけん》したこと**の中《なか》で、くらべてみたり、共感《きょうかん》できることなどがあれば「自分《じぶん》自身《じしん》」のことを書《か》いてみよう。

おわり

●あらためて、自分《じぶん》は**この本《ほん》からこんなことを学《まな》んだ**ということをつたえよう。

●そして、それは明日《あした》からの自分《じぶん》の人生《じんせい》や考《かんが》え方《かた》、行動《こうどう》にこんな影響《えいきょう》を与《あた》えるだろうという結論《けつろん》を書《か》いてみよう。

やってみよう！

穴埋《あなう》め作文《さくぶん》にチャレンジ！

ステージ1でまとめた本《ほん》の情報《じょうほう》や、その本《ほん》を読《よ》んで感《かん》じた気持《きも》ち・意見《いけん》をもとに、穴埋《あなう》め作文《さくぶん》をつくっていきましょう。

【　】内《ない》はあてはまる方《ほう》にマルをつけよう

ジャーさんからのアドバイス

作文《さくぶん》を書《か》く前《まえ》に、ステージ1のワークと前《まえ》のページの構成《こうせい》を参考《さんこう》に、読書感想文《どくしょかんそうぶん》に書《か》く内容《ないよう》と順番《じゅんばん》を決《き》めていきましょう。読書感想《どくしょかんそう》文《ぶん》をつくるためのメモをつくるイメージで、書《か》いていきましょう！

はじめ

【ぼく／わたし】は、（(例《れい》)おばあちゃんのグルグル畑《ばたけ》　本のタイトルを書こう！）という本《ほん》を読《よ》みました。

どうしてこの本《ほん》をえらんだかというと、（この本《ほん》をえらんだ理由《りゆう》を書《か》いてみよう　(例《れい》)表紙《ひょうし》にえがかれた主人公《しゅじんこう》のキヨミばあちゃんの笑顔《えがお》にひかれたから）です。

なか1

ここではメモ程度《ていど》でOKだよ　(例《れい》)キヨミばあちゃんが畑《はたけ》で、生《い》き物《もの》や植物《しょくぶつ》がうれしそうに土《つち》にかえっていくすがたを見《み》て、土《つち》から生《う》まれて土《つち》にかえることの大切《たいせつ》さに気《き》づいていきます

①さいしょにどんなことが起きたかな？　だれが・どこで・なにをするのかな？

（　　）。

ここではメモ程度《ていど》でOKだよ　(例《れい》)キヨミばあちゃんはなるべくゴミを出《だ》さないようなくらしをしていましたが、夏休《なつやす》みに来《く》る孫《まご》たちは、どんどんゴミを捨《す》てていくのでこまってしまいました

②次に、どんなことが起きたかな？

（　　）。

ここではメモ程度《ていど》でOKだよ　(例《れい》)そんな孫《まご》たちのためにキヨミばあちゃんは、モノが土《つち》から生《う》まれて土《つち》にかえる大切《たいせつ》さを伝《つた》える紙芝居《かみしばい》をつくり、その紙芝居《かみしばい》はキヨミばあちゃんがなくなったあともずっと読《よ》みつがれていきました

③さいごにどうなったかな？

（　　）。

なか2

【ぼく／わたし】がこの本《ほん》を読《よ》んで心《こころ》にのこったことは、（ 印象《いんしょう》にのこった場面《ばめん》や、登場人物《とうじょうじんぶつ》のセリフなどを書《か》いてみよう。

印象《いんしょう》にのこった場面《ばめん》や、登場人物《とうじょうじんぶつ》のセリフなどを書《か》いてみよう　(例《れい》)キヨミばあちゃんの「人《ひと》も生《い》き物《もの》も、植物《しょくぶつ》も、土《つち》から生《う》まれて土《つち》にかえるだけじゃ。」というセリフ ）です。

どうして、この【場面《ばめん》・セリフ】が心《こころ》にのこったかというと、（ どうしてそう思《おも》ったのかな？

(例《れい》)この言葉《ことば》は今《いま》、世界《せかい》でかだいとなっているゴミ問題《もんだい》をかいけつするためのヒントになるのではないかと思《おも》ったからです ）。

【ぼく／わたし】も、（ キミも似《に》たような経験《けいけん》をしたり考《かんが》えを持《も》ったことはあるかな？　もしくは反対《はんたい》の経験《けいけん》・考《かんが》えでもいいよ　(例《れい》)今《いま》まではキヨミばあちゃんの孫《まご》たちのように、プラスチックゴミになるようなものをどんどん買《か》って、いらなくなったら平気《へいき》で捨《す》てていました。よくお母《かあ》さんからも、「本当《ほんとう》に必要《ひつよう》なのか考《かんが》えてから買《か》いなさい」と言《い》われたりしていました ）。

まとめ

この本《ほん》を読《よ》んで、（ この本《ほん》を読《よ》んで、学《まな》んだことや気《き》づいたこと、感《かん》じたことを書《か》こう　(例《れい》)ゴミを燃《も》やすだけでも、二酸化炭素《にさんかたんそ》が出《で》たり、埋《う》め立《た》てゴミから有害《ゆうがい》な物質《ぶっしつ》が流《なが》れ出《で》て、川《かわ》や土《つち》をよごしてしまうこともあるので、ゴミを捨《す》てるということは、地球《ちきゅう》かんきょうの面《めん》でもとてもよくないことなんだと気《き》づきました ）。

これからは、（ この本《ほん》を読《よ》んで学《まな》んだことや気《き》づいたことをもとに、これから自分《じぶん》はどんなふうにくらしていきたいか、どうなりたいかを書《か》いてみよう　(例《れい》)自分《じぶん》が地球《ちきゅう》のためにできることを考《かんが》えてくらしていきたいです ）。

やったー！
読《よ》んだ本《ほん》の内容《ないよう》を
まとめて書《か》けたよ！

ホーホーホー！
すごいぞ。これを作文用《さくぶんよう》
紙《し》にまとめられれば、
読書感想文《どくしょかんそうぶん》の完成《かんせい》じゃ。

ステージ 3

テーマ

はじめ　まずは、本《ほん》を読《よ》んで感《かん》じたキミの気持《きも》ちや結論《けつろん》を書《か》こう。また、印象《いんしょう》に残《のこ》ったセリフや本《ほん》の中《なか》の言葉《ことば》を書《か》こう。

段落《だんらく》のはじめは1マスあけよう!

200

「○○を読《よ》んで」というタイトルでも、自分《じぶん》でタイトルを考《かんが》えて書《か》いてもいいよ！

目標文字数《もくひょうもじすう》
1〜2年生《ねんせい》＝400文字《もじ》以上《いじょう》
3〜4年生《ねんせい》＝600文字《もじ》以上《いじょう》
5〜6年生《ねんせい》＝800文字《もじ》以上《いじょう》

おもしろかったから、この本《ほん》を読《よ》んでいない友《とも》だちにおすすめするつもりで書《か》いてみようっと！

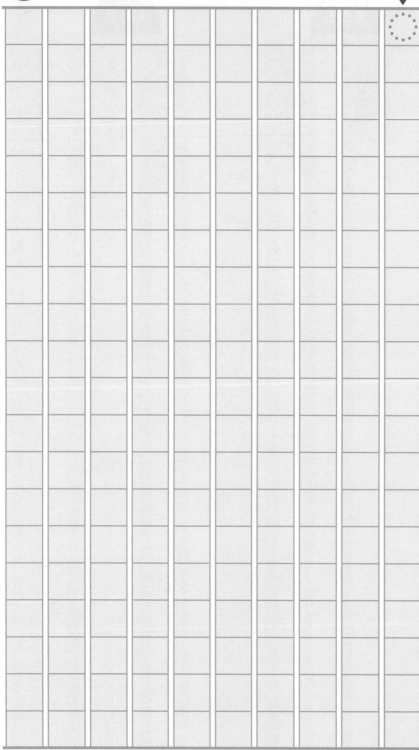

なか

この本《ほん》を読《よ》んで印象《いんしょう》に残《のこ》った場面《ばめん》をしょうかいして、そのとき感《かん》じたキミの気持《きも》ちや意見《いけん》を書《か》こう。自分《じぶん》とくらべてみたり、キミの体験談《たいけんだん》を入《い》れられるとベスト！

400

300

ジャーさんからのアドバイス

穴埋《あなう》め作文《さくぶん》でつくったものをもとに、“基本的《きほんてき》な読書感想文《どくしょかんそうぶん》の構成《こうせい》”で書《か》いていってもいいし、“「おっ」と思《おも》わせる読書感想文《どくしょかんそうぶん》の構成《こうせい》”にチャレンジしてみてもいいよ！

まとめ この本《ほん》から学《まな》んだことや、気《き》づいたこと、これから自分《じぶん》は
どうしていきたいと思《おも》ったかなどを書《か》いてみよう！

700

600

500

ジャーさん
からの
アドバイス

ただ本《ほん》の内容《ないよう》をしょうかいするのではなくて、どれだけ自分《じぶん》の意見《いけん》や体験《たいけん》を具体的《ぐたいてき》に書《か》けるかがポイントよ。作文《さくぶん》に書《か》く前《まえ》に、「はじめ」「なか」「まとめ」それぞれで書《か》きたいことをノートなどにまとめておくのもおすすめよ。

900

800

読《よ》んだ人《ひと》からひとこと!

感想欄《かんそうらん》

すばらしい　おもしろい　たくさん書《か》けたね!　感動《かんどう》!!　へぇ～知《し》らなかったなぁ　たしかにそうだよね　つづきをもっと読《よ》みたい!　作文《さくぶん》を書《か》けてえらいぞ!

コメント欄《らん》

作文《さくぶん》に取《と》り組《く》めたキミに拍手《はくしゅ》!

書《か》き方《かた》に迷《まよ》ったら、例文《れいぶん》を参考《さんこう》にしてみよう。
作文《さくぶん》が書《か》けたら、おうちの人《ひと》などに読《よ》んでもらい、コメントや感想《かんそう》を書《か》いてもらおう!

エピローグ

わーい！ついにさいごのステージもクリアしたぞ！

ホーホーホー。さいごまでよくがんばったね。これで、人間《にんげん》の世界《せかい》に戻《もど》っても、作文《さくぶん》を楽《たの》しく書《か》けるはずじゃ。

そうか！これで、もうぼくの家《いえ》に帰《かえ》れるんだね！鳥《とり》の世界《せかい》、楽《たの》しかったよ。ありがとう！

!

ゆめたくん、よくがんばったわね。また会《あ》えることを楽《たの》しみにしているわ！

ジャーさんもありがとう！また鳥《とり》の世界《せかい》に遊《あそ》びにくるね！

ゆめたくん、もとの世界《せかい》へ

みんなもさいごまでいっしょに取《と》り組《く》んでくれてありがとう！
作文《さくぶん》が前《まえ》よりも楽《たの》しく書《か》けるようになったかしら？
これからも作文《さくぶん》を書《か》くときは、この鳥《とり》の世界《せかい》で学《まな》んできたように、上手《じょうず》な文章《ぶんしょう》で書《か》こうとするよりも、まずは「この作文《さくぶん》を読《よ》む人《ひと》に、自分《じぶん》の気持《きも》ちや思《おも》いが届《とど》いているのかな？」という視点《してん》を大事《だいじ》にしながら、楽《たの》しく書《か》いていきましょう。
作文《さくぶん》でこまったら、鳥《とり》の世界《せかい》にある「ジャーさんの作文教室《さくぶんきょうしつ》」をいつでもたずねてきてね！

工作《こうさく》シート①

第《だい》1章《しょう》　遊《あそ》びの広場《ひろば》　　② 気持《きも》ちを表現《ひょうげん》しよう！　(p.16)

感情《かんじょう》サイコロ

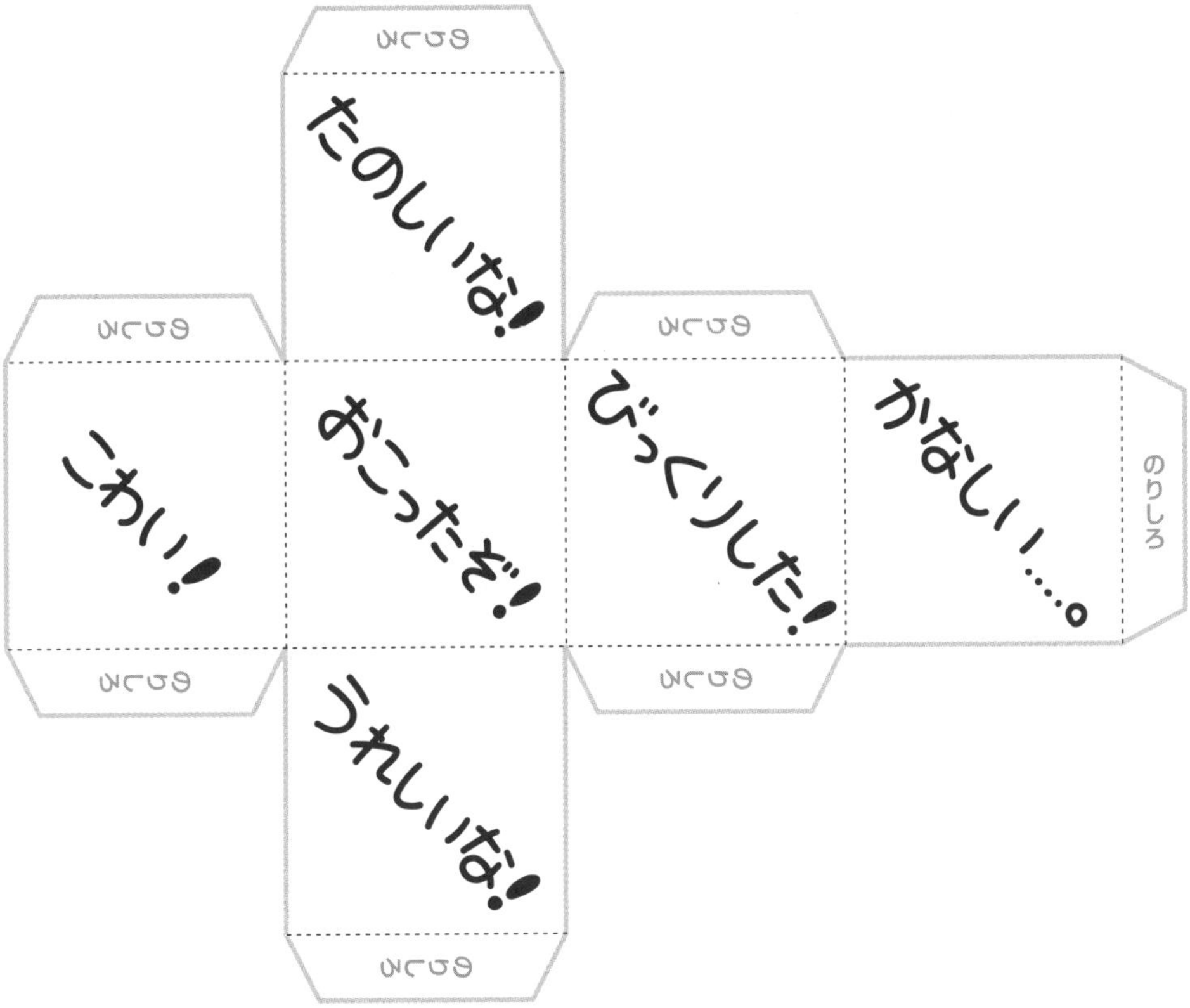
たのしいな!
こわい!
おこったぞ!
びっくりした!
かなしい…。
うれしいな!
のりしろ

第《あそ》1章《しょう》　遊《あそ》びの広場《ひろば》　　② 物語《ものがたり》を読《よ》んで登場人物《とうじょうじんぶつ》の気持《きも》ちを書《か》こう！　(p.22)

ノキくんの気持《きも》ち

ニコニコ
しくしく…
イライラ
こまったなあ…
かんどう !!
ビックリ !!
ガガーン！
ごめんなさい！

ポッキーの気持《きも》ち

ノキくんの顔《かお》の表情《ひょうじょう》を参考《さんこう》に、言葉《ことば》の下《した》に表情《ひょうじょう》をかいてから、切《き》り取《と》って使《つか》いましょう。

ニコニコ
しくしく…
イライラ
こまったなあ…
かんどう !!
ビックリ !!
ガガーン！
ごめんなさい！

カラスの気持《きも》ち

ノキくんの顔《かお》の表情《ひょうじょう》を参考《さんこう》に、言葉《ことば》の下《した》に表情《ひょうじょう》をかいてから、切《き》り取《と》って使《つか》いましょう。

ニコニコ
しくしく…
イライラ
こまったなあ…
かんどう !!
ビックリ !!
ガガーン！
ごめんなさい！

キリトリ線

工作《こうさく》シート②

第《だい》2章《しょう》　山《やま》のテレビ局《きょく》　① 住《す》んでいる家《いえ》の中《なか》を説明《せつめい》しよう！　(p.32)

お風呂《ふろ》

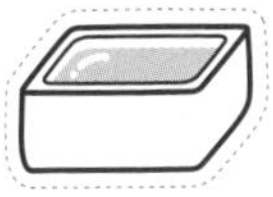

トイレ

キッチン

寝《ね》る部屋《へや》

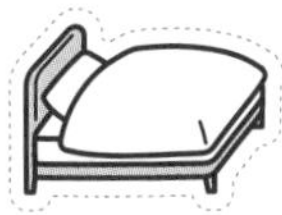

リビング

テーブル

勉強机《べんきょうづくえ》

第《だい》4章《しょう》　想像《そうぞう》の森《もり》　③ 物語文《ものがたりぶん》をつくろう！　(p.78)

ネズミ

ハチ

クマ

あおむし

おじいさん

おばあさん

キミの考《かんが》えたキャラクター

キミの考《かんが》えたキャラクター

第《だい》6章《しょう》　秘密《ひみつ》の小部屋《こべや》　③ 読書感想文《どくしょかんそうぶん》を書《か》こう！　(p.118)

うれしい

ビックリ

かんどう!!

かなしい…

イライラ

なるほどね!

キリトリ線

質問《しつもん》カード

小学生《しょうがくせい》のとき、どんな遊《あそ》びが好《す》きでしたか?	だれかに話《はな》したい! あなたの失敗談《しっぱいだん》をおしえてください。	小《ちい》さいころの将来《しょうらい》の夢《ゆめ》はなんでしたか?
あまり話《はな》したことはないけれど、「人《ひと》にじまんできる!」ということをおしえてください。	動物《どうぶつ》えんに行《い》って、さいしょに見《み》たい動物《どうぶつ》はなんですか?	まわりの人《ひと》から、どんな性格《せいかく》だと言《い》われますか?
「またあの場所《ばしょ》に行《い》ってみたい」と思《おも》う、思《おも》い出《で》の場所《ばしょ》はどこですか?	寝《ね》ているときに見《み》た夢《ゆめ》で、忘《わす》れられない夢《ゆめ》はなんですか?	おすすめの本《ほん》や音楽《おんがく》、映画《えいが》をおしえてください。(マンガやゲームでもOK)

キリトリ線

工作《こうさく》シート④

第《だい》4章《しょう》　想像《そうぞう》の森《もり》　② もしも○○になったら……　(p.72)

お仕事《しごと》カード

スポーツ選手《せんしゅ》
（野球《やきゅう》、サッカー、陸上《りくじょう》…）

医者《いしゃ》・看護師《かんごし》

タレント
（歌手《かしゅ》、俳優《はいゆう》、YouTuber…）

先生《せんせい》
（保育園《ほいくえん》、幼稚園《ようちえん》、学校《がっこう》）

IT関係《かんけい》、エンジニア

運転手《うんてんしゅ》
（電車《でんしゃ》、バス、飛行機《ひこうき》…）

お店屋《みせや》さん
（パン屋《や》さん、ケーキ屋《や》さん、おもちゃ屋《や》さん、お花屋《や》さん…）

クリエイター
（まんが家《か》、ゲームクリエイター…）

動物《どうぶつ》や生《い》き物《もの》に関《かか》わる仕事《しごと》
（動物《どうぶつ》えん・水族館《すいぞくかん》の飼育員《しいくいん》、トリマー…）

記者《きしゃ》、カメラマン、研究者《けんきゅうしゃ》、整備士《せいびし》、宇宙飛行士《うちゅうひこうし》、大工《だいく》、社長《しゃちょう》、美容師《びようし》、ネイリスト、パティシエ、シェフ…

ほかにもいろんなお仕事《しごと》があるね！

キリトリ線

■著者略歴
安田　未由（やすだ　みゅう）

書く人、聞く人。「ジャーさんの作文教室」主宰。


長野県在住。三度の飯より書くことが大好きで、書くことの楽しさを子どもたちにも知ってほしいという思いから、年長・小学生・中学生向けの作文教室・ワークショップを板橋・練馬などで開催するほか、通信教育講座・オンラインレッスンを行っている。

テストや受験のための作文学習ではなく、作文が苦手な子どもたちにも、「自分も書けた！」という達成感と、書く楽しさを体感してもらうためのカリキュラムを研究。

通信教育講座でも、楽しく書く習慣をつけるためのオリジナルワークシートを開発し、受講生の学習継続率は9割を超える。


ジャーさんは小学生の時からの著者のニックネーム。

大学時代には、全国の高校野球チームを約50校取材し、チームと球児の心の成長を描いたノンフィクション書籍を3冊発行。

大学卒業後は、株式会社リクルートの企画営業職で年間表彰などを受賞。25歳から高校野球報道メディア「高校野球ドットコム」の初代編集長を10年間務める。

これまでに執筆寄稿した書籍は、『スポーツ感動物語　アスリートの原点4　遅咲きのヒーロー』（学研プラス）、『野球ノートに書いた甲子園』全6巻（ベストセラーズ）など。

デザイン・DTP	梅里珠美（北路社）
本文イラスト	うてのての
校正	共同制作社

本書の内容に関するお問い合わせは弊社HPからお願いいたします。

書《か》くことが好《す》きになる！おうちで作文教室《さくぶんきょうしつ》

2021年　6月22日　初　版　発　行

著　者　安《や》田《す》未《だ》由《みゅう》
発行者　石　野　栄　一

明日香出版社
〒112-0005 東京都文京区水道2-11-5
電話 (03) 5395-7650（代表）
(03) 5395-7654（FAX）
郵便振替 00150-6-183481
https://www.asuka-g.co.jp

■スタッフ■　BP事業部　久松圭祐／藤田知子／藤本さやか／田中裕也／朝倉優梨奈／竹中初音
BS事業部　渡辺久夫／奥本達哉／横尾一樹／関山美保子

印刷・製本　株式会社フクイン
ISBN 978-4-7569-2154-3 C6081

編集担当　朝倉優梨奈

書くことが好きになる！

おうちで作文教室

こたえと解説

おうちの方へ

言葉や文を書く問題では、決まった解答がないものがほとんどです。そのため、「正しい文章が書けたか」という答え合わせよりも、お子様が自由な発想で、伸び伸びと書けているかどうかを大切に、こたえあわせをしていただければと思います。

ステージ3の例文についても、ここに書かれているのは作文の一例ですので、添削ポイントを参考に、まずはお子様らしい自由な表現や思いを大切にして、お子様の様子を見ながらアドバイスをしてあげてください。

■ 本体から取りはずしてお使いいただけます。

1 未来《みらい》の自分《じぶん》に手紙《てがみ》を書《か》こう！

14ページ

例文《れいぶん》（400文字程度《もじていど》）

　こんにちは。ヒカルです。今《いま》、ぼくは9才《さい》です。これを読《よ》んでいる未来《みらい》のぼくは、88才《さい》になったころかな。きっと、ぼくの小学生《しょうがくせい》のころのことなんてわすれてしまっているかもしれないから、今日《きょう》は今《いま》のぼくのことをしょうかいするね。

　ぼくは、小学生のころは、家族《かぞく》でカードゲームをして遊《あそ》ぶのが好《す》きだったよね。それから、好《す》きな科目《かもく》は体育《たいいく》で、苦手《にがて》な科目《かもく》は算数《さんすう》だったんだよ。おぼえているかな？

　ねぇ、88才《さい》になったぼく。今《いま》はなにをして毎日《まいにち》をすごしているのかな？散歩《さんぽ》をしたり、昼寝《ひるね》をしたりしているのかな。うらやましいな。

　そういえば、「とらの3兄弟《きょうだい》」っておぼえている？ぼくが読《よ》んでいたマンガだよ。ぼくはこれが大好《だいす》きなんだ。

　未来《みらい》のぼくは、どんなマンガや本《ほん》がお気《き》に入《い》りなのかな？

　気《き》になることはたくさんあるけど、ぼくが元気《げんき》でくらしていればそれでいいや。苦手《にがて》なブロッコリーもしっかり食《た》べて、これからももっと長《なが》生《い》きしてね！

添削《てんさく》ポイント

① 全体《ぜんたい》

□自分《じぶん》の名前《なまえ》や年齢《ねんれい》、好《す》きなことなどのプロフィール情報《じょうほう》が書《か》けているか？

□未来《みらい》の自分《じぶん》を想像《そうぞう》して、質問《しつもん》をしたり、伝《つた》えたいメッセージを書《か》くことができているか？

まずはこの2点《てん》が作文《さくぶん》に書《か》けていたら合格《ごうかく》です！

② 構成《こうせい》

□「はじめ」で、自分《じぶん》の名前《なまえ》や年齢《ねんれい》などの基本情報《きほんじょうほう》を書《か》けているか？

□「なか」で、今《いま》、自分《じぶん》が好《す》きなものなどの情報《じょうほう》や、未来《みらい》の自分《じぶん》への質問《しつもん》などが書《か》けているか？

□「まとめ」で、未来《みらい》の自分《じぶん》に向《む》けたメッセージを書《か》けているか？

お手紙《てがみ》なので構成《こうせい》は自由《じゆう》ですが、はじめ・なか・まとめを意識《いしき》して、このような流《なが》れで書《か》いてみるのもおすすめです。

解説《かいせつ》

最初《さいしょ》は自分《じぶん》のプロフィールをつくり、それをもとにして未来《みらい》の自分《じぶん》へのお手紙《てがみ》に取《と》り組《く》みました。

作文《さくぶん》よりもお手紙《てがみ》を書《か》くことの方《ほう》が、取《と》り組《く》みやすいお子様《こさま》も多《おお》いかと思《おも》います。

それは、「誰《だれ》に向《む》けて書《か》いているか」がはっきりとイメージできるからでもあります。

今後《こんご》の章《しょう》でも共通《きょうつう》するポイントですが、文章《ぶんしょう》を書《か》く時《とき》は、常《つね》に誰《だれ》に向《む》けて書《か》いているかを意識《いしき》することがとても大切《たいせつ》です。

日記《にっき》のように自分《じぶん》のために書《か》くのか？　お友達《ともだち》に紹介《しょうかい》するために書《か》くのか？　知《し》らない人《ひと》に意見《いけん》を伝《つた》えるために書《か》くのか？　それをイメージしながら書《か》くことで、「何《なに》をどう書《か》けばいいか」が少《すこ》しずつ見《み》えてきます。もちろん、すぐにできなくても大丈夫《だいじょうぶ》です。トレーニングを積《つ》むことで、文章《ぶんしょう》を書《か》く思考回路《しこうかいろ》が磨《みが》かれていくので、ぜひこのワークブックで楽《たの》しみながら、チャレンジしてみてほしいと思《おも》います。

2 気《き》持《も》ちを表現《ひょうげん》しよう！

例文《れいぶん》（400文字程度《もじていど》）

20ページ

今日《きょう》は、わたしのうれしいときと、かなしいときをしょうかいしたいと思《おも》います。

わたしがうれしいと感《かん》じるときは、今《いま》、かよっているダンス教室《きょうしつ》でダンスが上手《じょうず》におどれたときです。

なぜかというと、この前《まえ》の秋《あき》の発表会《はっぴょうかい》では、おじいちゃんやおばあちゃんも見《み》に来《き》てくれて、上手《じょうず》にダンスがおどれたことをよろこんでくれたからです。

また、わたしがかなしいと感《かん》じるのは、運《うん》動会《どうかい》の日《ひ》に雨《あめ》がふったときです。なぜかというと、たくさんリレーの練習《れんしゅう》をしてきたのに、運動会《うんどうかい》が雨《あめ》で中止《ちゅうし》になると、練習《れんしゅう》のせいかが見《み》せられなくてガッカリするからです。

そして、今《いま》まであまり人《ひと》に話《はな》したことはないのですが、じつは、雨《あめ》がやんだあとに、長《なが》ぐつをはいて外《そと》に出《で》て、水《みず》たまりの中《なか》をバシャバシャして遊《あそ》んでいるときがさいこうに楽《たの》しいです。でも、家《いえ》に帰《かえ》ってからお母《かあ》さんにおこられます。

そんなわたしですが、これからもどうぞよろしくおねがいします。

添削《てんさく》ポイント

① 全体《ぜんたい》

□ 自分《じぶん》のことを紹介《しょうかい》した内容《ないよう》を書《か》けているか？

□ 「うれしい」や「かなしい」といった感情《かんじょう》が書《か》けているか？

まずはこの2点《てん》が作文《さくぶん》に書《か》けていたら合格《ごうかく》です！

② 構成《こうせい》

□ 「はじめ」で、今《いま》から何《なに》を書《か》くかというテーマの紹介《しょうかい》が書《か》けているか？

□ 「なか」で、うれしいとき・かなしいときの2つの場面《ばめん》が具体的《ぐたいてき》に書《か》けているか？

□「まとめ」で、まとめとなる文章《ぶんしょう》が書《か》けているか？

今回《こんかい》は自己紹介《じこしょうかい》も兼ねた作文《さくぶん》なので、見本《みほん》を参考《さんこう》に、「よろしくお願《ねが》いします」で締《し》めてもOKです。

解説《かいせつ》

今回《こんかい》は、「気持《きも》ちを書《か》く」がテーマでした。日本語《にほんご》には気持《きも》ちを表《あらわ》す言葉《ことば》がたくさんあります。本《ほん》を読《よ》んだり、マンガを読《よ》んだりすることで、気持《きも》ちを表《あらわ》すいろんな言葉《ことば》に出会《であ》えます。それを自分《じぶん》の引《ひ》き出《だ》しに入《い》れて、作文《さくぶん》を書《か》く際《さい》に自由自在《じゆうじざい》に使《つか》えるようになると、文章《ぶんしょう》の幅《はば》が広《ひろ》がっていきます。学年《がくねん》が上《あ》がるごとに、少《すこ》しずつ引《ひ》き出《だ》しを増《ふ》やしていけるといいですね。

また、作文《さくぶん》の中《なか》に自分《じぶん》の感情《かんじょう》を書《か》けるようになるためには、日頃《ひごろ》から、自分《じぶん》の気持《きも》ちを日記《にっき》などに書《か》くことがおすすめです。続《つづ》けているうちに、自分《じぶん》の気持《きも》ちに気《き》づきやすくなっていきます。

こんなときに嬉《うれ》しい気持《きも》ちになる、こんなときに悲《かな》しい気持《きも》ちになる、といった出来事《できごと》を見《み》つけて、自分《じぶん》の気持《きも》ちを言葉《ことば》にするトレーニングを続《つづ》けることも作文上達《さくぶんじょうたつ》に役立《やくだ》ちます。

3 物語《ものがたり》を読《よ》んで登場人物《とうじょうじんぶつ》の気持《きも》ちを書《か》こう！

ステージ1 穴埋《あなう》め作文《さくぶん》にチャレンジ！ 24ページ 解答例《かいとうれい》

・ノキくんとポッキーが公園《こうえん》に散歩《さんぽ》に行《い》ったとき、（カラスがジャングルジムにとまっていた）。

・カラスはノキくんを見《み》ると、（バサバサとんできて、ノキくんのマフラーをくわえてとんでいってしまった）。

・そのあと、ポッキーがノキくんの家《いえ》のうらで、カラスを見《み》つけた。そのカラスは、（こわれた巣《す》の中《なか》にいるヒナたちに、ノキくんのマフラーをかけてあげていた）。

・さいごに、ノキくんはポッキーといっしょに公園《こうえん》に戻《もど》り（カラスのために新《あたら》しい巣《す》をつくってあげた）。

例文《れいぶん》（400文字程度《もじていど》） 28ページ

わたしは、この物語《ものがたり》を読《よ》んで、さいしょはノキくんがかわいそうだなと思《おも》いました。それは、おばあちゃんがあんでくれた大事《だいじ》なマフラーをとつぜんカラスに取《と》られてしまったからです。

でも、そのあとポッキーがノキくんの家《いえ》のうらで、カラスを見《み》つけます。カラスは、こわれた巣《す》の中《なか》にいるヒナたちに、ノキくんのマフラーをかけてあげていました。

主人公《しゅじんこう》のノキくんも、さいしょはマフラーを取《と》ったカラスに対《たい》して、かなしい気《き》持《も》ちだったと思《おも》いますが、さいごは、カラスもかわいそうだったんだなという気《き》持《も》ちに変《か》わったのではないかと思《おも》いました。

それは、カラスはヒナを守《まも》るためにマフラーが必要《ひつよう》だったことがわかったからです。

　わたしも、さいしょはカラスのことをいじわるだと思《おも》って腹《はら》が立《た》ちましたが、物語《ものがたり》をさいごまで読《よ》んで、カラスもヒナを守《まも》るためにいっしょうけんめいだったのだと気《き》づきました。わたしもノキくんと同《おな》じようにカラスを助《たす》けてあげたいなと思《おも》いました。

　そして、マフラーをあんだノキくんのおばあちゃんも、この話《はなし》を聞《き》いたらきっとよろこぶだろうなと思《おも》いました。

添削《てんさく》ポイント

①全体《ぜんたい》

□うれしい・かなしいなどの登場人物《とうじょうじんぶつ》や自分《じぶん》の感情《かんじょう》が書《か》けているか?

□物語《ものがたり》を読《よ》み進《すす》めていく中《なか》での自分《じぶん》の気持《きも》ちの変化《へんか》が書《か》けたか?

まずはこの2点《てん》が作文《さくぶん》に書《か》けていたら合格《ごうかく》です!

②構成《こうせい》

□「はじめ」で、この物語《ものがたり》を読《よ》んで最初《さいしょ》に感《かん》じた自分《じぶん》の気持《きも》ちが書《か》けているか?

□「なか」で、物語《ものがたり》の中《なか》でどんなことが起《お》きたのかや、登場人物《とうじょうじんぶつ》の気《き》持《も》ちを想像《そうぞう》して書《か》くことができたか?

□「まとめ」で、最後《さいご》までこの物語《ものがたり》を読《よ》んだことで、自分《じぶん》の気持《きも》ちがどう変化《へんか》したかが書《か》けているか?

書《か》くことに慣《な》れないうちは、このような流《なが》れで書《か》くことを意識《いしき》してみるのもおすすめです。

解説《かいせつ》

今回《こんかい》は物語《ものがたり》を読《よ》み、登場人物《とうじょうじんぶつ》の気持《きも》ちと自分《じぶん》の気持《きも》ちを書《か》くトレーニングを行《おこな》いました。

自己紹介《じこしょうかい》や自分《じぶん》の好《す》きなことを書《か》く作文《さくぶん》では、自分《じぶん》の気持《きも》ちをイメージしやすいのですが、物語《ものがたり》を読《よ》んで自分《じぶん》が感《かん》じた気持《きも》ちを書《か》くというのは、苦手《にがて》なお子様《こさま》も多《おお》いものです。

　そんな時《とき》は、「この登場人物《とうじょうじんぶつ》はどう思《おも》ったと思《おも》う?」と登場人物《とうじょうじんぶつ》に寄《よ》り添《そ》って気持《きも》ちをイメージさせてみて、そのあとに、「じゃあ、〇〇くん/ちゃんが、登場人物《とうじょうじんぶつ》の△△だったらどう思《おも》うかな?」と、登《とう》場人物《じょうじんぶつ》になりきらせてイメージさせてあげると、自分《じぶん》の気持《きも》ちを見《み》つけやすくなるかと思《おも》います。

　読書感想文《どくしょかんそうぶん》でも、登場人物《とうじょうじんぶつ》の気持《きも》ちを想像《そうぞう》して書《か》くことは大切《たいせつ》です。日頃《ひごろ》から、本《ほん》を読《よ》んだあとなどに、「本《ほん》を読《よ》んでどんな気持《きも》ちになったかな?」と、お子様《こさま》の気持《きも》ちをノートに記録《きろく》していくことも、自分《じぶん》の気持《きも》ちを見《み》つけるためのトレーニングとしておすすめです。

1 キミの家《いえ》をしょうかいしよう!

36ページ

例文《れいぶん》（400文字程度《もじていど》）

　今日《きょう》は、わたしの家《いえ》をしょうかいします。この家《いえ》に3年《ねん》住《す》んでいます。わたしの家《いえ》には、部屋《へや》は4つあります。

　学校《がっこう》から帰《かえ》ったあと、いつもわたしがいる部屋《へや》は、リビングです。ここで、テレビをみたり、宿題《しゅくだい》をしたりしています。

　わたしがこの家《いえ》で気《き》に入《い》っている場《ば》所《しょ》は、台所《だいどころ》です。どうしてかというと、夕飯《ゆうはん》の時間《じかん》になると、とてもおいしそうなにおいがしてくるからです。

　反対《はんたい》に、わたしがこの家《いえ》で苦手《にがて》な場所《ばしょ》は、2階《かい》に行《い》く階段《かいだん》です。どうしてかというと、夜《よる》になるとくらくてこわく感《かん》じるからです。

　もし、家《いえ》をもっとよくするためにお金《かね》をもらったら、おそうじロボットを買《か》って、わたしの部屋《へや》やみんなの部屋《へや》をキレイにしてもらったり、2階《かい》に行《い》く階段《かいだん》を夜《よる》のゆうえんちのようにハデにしてみたいです。カラフルなライトでキラキラ光《ひか》らせていたら、きっと夜中《よなか》にトイレに行《い》くときもこわくなくなると思《おも》います。

　でも、わたしは今《いま》のままでも、楽《たの》しくすごせているのでこの家《いえ》が大好《だいす》きです。

添削《てんさく》ポイント

① 全体《ぜんたい》

□ **自分《じぶん》の家《いえ》の中《なか》の紹介《しょうかい》が書《か》けているか?**

□ **自分《じぶん》の家《いえ》に対《たい》しての気持《きも》ちや思《おも》い（好《す》き／苦手《にがて》／希望《きぼう》）がエピソードとして書《か》けているか?**

まずはこの2点《てん》が作文《さくぶん》に書《か》けていたら合格《ごうかく》です!

② 構成《こうせい》

□ **「はじめ」で、家《いえ》の中《なか》のことを説明《せつめい》できているか?**

□ **「なか」で、家《いえ》についてのエピソード（気《き》に入《い》っている場所《ばしょ》・苦手《にがて》な場所《ばしょ》など）が書《か》けているか?**

例文《れいぶん》では、〝もし、こうだったらこうしたい〟という話《はなし》をまとめの部分《ぶぶん》で書《か》きましたが、希望《きぼう》がたくさんあれば、ここで文章《ぶんしょう》をふくらませて書《か》いてもOKです。

□ **「まとめ」で、自分《じぶん》の気持《きも》ちや思《おも》いをまとめた文《ぶん》が書《か》けているか?**

構成《こうせい》はトレーニングなので、繰《く》り返《かえ》すことで少《すこ》しずつ身《み》についていきます。焦《あせ》らず、一《ひと》つずつ取《と》り組《く》んでいきましょう。

解説《かいせつ》

今回《こんかい》は、自分《じぶん》の家《いえ》の中《なか》の説明文《せつめいぶん》にチャレンジしました。いきなり、家《いえ》の説明《せつめい》をしようとするよりも、まずは間取《まど》り図《ず》を実際《じっさい》に書《か》いてみて、イメージをふくらませることで、より文章《ぶんしょう》にしやすくなっていきます。

また、家《いえ》のことを紹介《しょうかい》する事実説明《じじつせつめい》のあとに、「自分《じぶん》」と「家《いえ》」に関《かん》するエピソードを書《か》いていきますが、このとき感情《かんじょう》に寄《よ》り添《そ》ったものから書《か》いていくと、より書《か》きやすくなります。

今回《こんかい》は、「好《す》きな場所《ばしょ》」「苦手《にがて》な場所《ばしょ》」といった好《す》き・嫌《きら》いで答《こた》えられる設問《せつもん》にしましたが、それ以外《いがい》でも、お子様《こさま》が「こんなことを書《か》きたい！」という家《いえ》とのエピソードが見《み》つかれば、いろんな話題《わだい》にチャレンジしてみてもいいでしょう。

家《いえ》に対《たい》しての希望《きぼう》も、イメージがしやすいように「もし家《いえ》をもっとよくするためにお金《かね》をもらえたら」といった問《と》いかけをしましたが、これはアイディアが浮《う》かばないときの質問《しつもん》の一例《いちれい》なので、もちろんこの質問《しつもん》なしで、「希望《きぼう》」としてそのまま書《か》き始《はじ》めた方《ほう》が書《か》きやすい、という場合《ばあい》もあると思《おも》います。お子様《こさま》が書《か》きやすいような問《と》いかけなどをしながら取《と》り組《く》んでいただければと思《おも》います。

② 身近《みぢか》な人《ひと》にインタビュー！

42ページ

例文《れいぶん》（400文字程度《もじていど》）

ぼくは、お母《かあ》さんから、小学生《しょうがくせい》のときに好《す》きだった遊《あそ》びの話《はなし》を聞《き》きました。その中《なか》で、とくにびっくりしたのは、小学校《しょうがっこう》のお昼休《ひるやす》みの時間《じかん》の話《はなし》でした。

お母《かあ》さんは小学生《しょうがくせい》のとき、お昼休《ひるやす》みになると学校《がっこう》の中庭《なかにわ》を走《はし》って、だれにも気《き》づかれないように図書室《としょしつ》に行《い》っていたそうです。なぜかというと、友《とも》だちと遊《あそ》ぶのも楽《たの》しいけど、一人《ひとり》の時間《じかん》も好《す》きで、本《ほん》も好《す》きだったからだそうです。

ぼくはそれを聞《き》いて、お昼休《ひるやす》みに一人《ひとり》でいるなんて、さびしくないのかなと思《おも》いました。もし、ぼくだったら、友《とも》だちと校庭《こうてい》でサッカーをして遊《あそ》ぶ方《ほう》が楽《たの》しいと思《おも》います。

でも、お母《かあ》さんは、「一人《ひとり》で大《おお》きな本《ほん》だなにかこまれながら本《ほん》を読《よ》んでいると、自分《じぶん》だけのとくべつな時間《じかん》のようでワクワクした」とおしえてくれました。

ぼくは、友《とも》だちとサッカーをするのも楽《たの》しいけど、小学生《しょうがくせい》のころのお母《かあ》さんのまねをして、こんどのお昼休《ひるやす》みには、一人《ひとり》で図書室《としょしつ》に行《い》って、好《す》きな本《ほん》をさがしてみようかなと思《おも》いました。

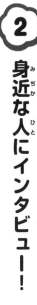

添削《てんさく》ポイント

①全体《ぜんたい》

□インタビューした相手《あいて》が話《はな》していたエピソードが書《か》けているか？

□それに対《たい》しての自分《じぶん》の気持《きも》ちや思《おも》いが書《か》けているか？

まずはこの2点《てん》が作文《さくぶん》に書《か》けていたら合格《ごうかく》です！

②構成《こうせい》

□「はじめ」で、「誰《だれ》の」「何《なに》についての」話《はなし》をこれから書《か》くのかを説《せつ》明《めい》できているか？

□「なか」で、話《はなし》を聞《き》いた人《ひと》のエピソードと、それを聞《き》いて感《かん》じた自《じ》分《ぶん》の気持《きも》ちや考《かんが》えが書《か》けているか？

□「まとめ」で、自分《じぶん》の気持《きも》ちや思《おも》いをまとめた文《ぶん》が書《か》けているか？

構成《こうせい》はトレーニングなので、繰《く》り返《かえ》すことで少《すこ》しずつ身《み》についていきます。焦《あせ》らず、一《ひと》つずつ取《と》り組《く》んでいきましょう。

解説《かいせつ》

ここでは、自分《じぶん》がインタビュアーとなり、人《ひと》から聞《き》いた情報《じょうほう》のメモを取《と》ります。そして、そのメモから、読《よ》み手《て》に伝《つた》わりやすい文章《ぶんしょう》を書《か》くトレーニングを行《おこな》いました。インタビューで聞《き》いた話《はなし》に、自分《じぶん》の考《かんが》えや気持《きも》ちを書《か》き足《た》していくことができていれば、合格《ごうかく》です。

お子様《こさま》が相手《あいて》から上手《うま》く話《はなし》を聞《き》き出《だ》せない場合《ばあい》は、質問《しつもん》カードをもとに、「①いつ②どこで③どんなふうに④どうなったのか⑤そのとき、どう思《おも》ったのか」というように一《ひと》つずつ質問《しつもん》を分解《ぶんかい》しながら、相手《あいて》に質問《しつもん》を投《な》げかけていくようにアドバイスしてあげるのがおすすめです。

また、穴埋《あなう》め作文《さくぶん》や作文《さくぶん》で、自分《じぶん》の思《おも》いが書《か》けない場合《ばあい》は、「もし、○○くん／ちゃんが、この人《ひと》と同《おな》じことをしたら、どんな気持《きも》ちになるかな？」と問《と》いかけて、お子様《こさま》にイメージさせてあげると、自分《じぶん》の気持《きも》ちや思《おも》いが浮《う》かんできやすくなりますよ。

3 ランキング作文《さくぶん》をつくろう！

48ページ

例文《れいぶん》（400文字程度《もじていど》）

今日《きょう》は、わたしの好《す》きなスポーツをしょうかいします。

このテーマでランキングを考《かんが》えてみようと思《おも》った理由《りゆう》は、今《いま》のわたしの習《なら》い事《こと》はピアノと習字《しゅうじ》だけですが、何《なに》かスポーツも習《なら》ってみたいなと思《おも》ったからです。

まず第《だい》5位《い》は、カーリングです。冬休《ふゆやす》みに家族《かぞく》で体験《たいけん》しせつに行《い》ってやってみたら、とてもおもしろかったからです。

第《だい》4位《い》は、100メートル走《そう》です。わたしは走《はし》るのはおそいですが、運動会《うんどうかい》などでも足《あし》の速《はや》い人《ひと》たちの競争《きょうそう》やリレーを見《み》ているだけで心《こころ》がスカッとするからです。

第《だい》3位《い》は、クライミングです。わたしはやったことはないですが、人間《にんげん》の体《からだ》一《ひと》つでスイスイと岩山《いわやま》を登《のぼ》っているのをテレビで見《み》て感《かん》動《どう》したからです。

第《だい》2位《い》は、ラグビーです。この前《まえ》、雪《ゆき》がふった日《ひ》に校庭《こうてい》でラグビーをしたら、雪《ゆき》の上《うえ》でトライを決《き》めるのが楽《たの》しかったからです。

そして、第《だい》1位《い》は、卓球《たっきゅう》です。さいきんは、若《わか》い選手《せんしゅ》も世界《せかい》で活《かつ》やくしていたり、はく力《りょく》があって、見《み》ていてワクワクするので卓球《たっきゅう》が一番《いちばん》好《す》きです。

今回《こんかい》は、わたしの好《す》きなスポーツランキングをつくりました。ランキングをつくってみて、あまり知《し》られていないスポーツでも、おもしろいスポーツがたくさんあるのだと思《おも》いました。まだ自分《じぶん》がやったことのないスポーツもぜひ一度《いちど》やってみたいです。

添削《てんさく》ポイント

① 全体《ぜんたい》

□ランキングの各順位《かくじゅんい》の項目《こうもく》と理由《りゆう》が書《か》けているか?

□ランキングをつくった結果《けっか》どんなことを感《かん》じたかが書《か》けているか?

まずはこの2点《てん》が作文《さくぶん》に書《か》けていたら合格《ごうかく》です!

② 構成《こうせい》

□「はじめ」で、どうしてそのランキングをつくろうと思《おも》ったかが書《か》けているか?

□「なか」で、ランキングを具体的《ぐたいてき》なエピソードと合《あ》わせて紹介《しょうかい》できているか?

□「まとめ」で、自分《じぶん》の気持《きも》ちや思《おも》いをまとめた文《ぶん》が書《か》けているか?

構成《こうせい》はトレーニングなので、繰《く》り返《かえ》すことで少《すこ》しずつ身《み》についていきます。焦《あせ》らず、一《ひと》つずつ取《と》り組《く》んでいきましょう。

解説《かいせつ》

今回《こんかい》は、自分《じぶん》のおすすめのものや、身《み》の回《まわ》りのことをランキングにして作文《さくぶん》をつくりました。興味《きょうみ》のあることであればあるほど、スムーズに文章《ぶんしょう》が書《か》ける場合《ばあい》も多《おお》いと思《おも》います。

この作文《さくぶん》は、構成《こうせい》はシンプルなので、作文自体《さくぶんじたい》の難易度《なんいど》は高《たか》くありません。ただ、ここで大事《だいじ》なポイントは、ランキングを発表《はっぴょう》するだけではなく、具体的《ぐたいてき》な自分《じぶん》の体験《たいけん》・経験談《けいけんだん》などのエピソードを入《い》れることです。そうすることで、より厚《あつ》みのある文章《ぶんしょう》になっていきます。

普段《ふだん》書《か》くことが苦手《にがて》なお子様《こさま》も、自分《じぶん》の興味《きょうみ》のあることを紹介《しょうかい》する場合《ばあい》は、進《すす》んで書《か》けるかもしれません。まずは得意《とくい》なテーマで、楽《たの》しく書《か》く経験《けいけん》を積《つ》むことも作文《さくぶん》においては大切《たいせつ》です。ぜひ楽《たの》しみながら取《と》り組《く》んでいただければと思《おも》います。

添削《てんさく》ポイント

□ 五感《ごかん》「視覚《しかく》・聴覚《ちょうかく》・嗅覚《きゅうかく》・味覚《みかく》・触覚《しょっかく》」を生《い》かして、言葉《ことば》を探《さが》すことができたか?

これができていればこの章《しょう》は合格《ごうかく》です!

解説《かいせつ》

今回《こんかい》は、五感《ごかん》を使《つか》ったトレーニングを行《おこな》いました。五感《ごかん》を使《つか》って見《み》つけたワードは、作文《さくぶん》を「面白《おもしろ》く」「魅力的《みりょくてき》に」そして「伝《つた》わりやすく」するために役立《やくだ》ちます。自分自身《じぶんじしん》の「視覚《しかく》」「聴覚《ちょうかく》」「嗅覚《きゅうかく》」「味覚《みかく》」「触覚《しょっかく》」を生《い》かして、いろんな表現《ひょうげん》ができるようになると、生《い》き生《い》きとした文章《ぶんしょう》になっていきます。

今《いま》まで「誰《だれ》が、どうした」という文章《ぶんしょう》しか書《か》けなかったお子様《こさま》も、五感《ごかん》を意識《いしき》するだけで、文章《ぶんしょう》が生《い》き生《い》きしてきます。ぜひ、普段《ふだん》の作《さく》文《ぶん》や日記《にっき》でも取《と》り入《い》れてみてくださいね。

1 キミの大事《だいじ》なモノに変身《へんしん》!

例文《れいぶん》(400文字程度《もじていど》)

70ページ

ぼくは、ゆめたくんのくつです。見《み》た目《め》はカッコイイけど少《すこ》しよごれていて、青色《あおいろ》で、サイズは20センチ。手《て》ざわりはザラザラしています。ぼくは、ゆめたくんのお母《かあ》さんに買《か》ってもらって、2か月《げつ》前《まえ》にこの家《いえ》にやってきました。

ゆめたくんは、いつも出《で》かけるときにぼくをはきます。ゆめたくんは、雨《あめ》のときはぼくをはきません。そんなとき、ぼくはちょっとホッとします。ぬれなくてすむからです。

でも、ぼくは、出《で》かけるのはとても好《す》きです。どうしてかというと、この前《まえ》は、ゆめたくんと動物《どうぶつ》えんに行《い》って、はじめて見《み》る動物《どうぶつ》も見《み》られて楽《たの》しかったからです。

また、家《いえ》出《で》をしたいと思《おも》うときは、よごれたのにあらわれずにそのままにされているときです。

でも、「しあわせだなぁ」と思《おも》うときもあります。それは、きれいにあらってもらって、お日《ひ》様《さま》の下《した》にほしてもらっているときです。
これからも、ゆめたくんといっしょに、いろんなところに出《で》かけたいです。

添削《てんさく》ポイント

①全体《ぜんたい》

- □そのモノの気持《きも》ちを想像《そうぞう》して文章《ぶんしょう》が書《か》けているか？
- □モノと自分《じぶん》のエピソードを具体的《ぐたいてき》に書《か》けているか？

モノそのものになりきって、文章《ぶんしょう》が書《か》けていれば合格《ごうかく》です！

②構成《こうせい》

- □「はじめ」で、モノの説明《せつめい》ができているか？
- □「なか」で、モノについてのエピソードやモノの気持《きも》ちが書《か》けているか？
- □「まとめ」で、まとめとなる文章《ぶんしょう》が書《か》けているか？

構成《こうせい》はトレーニングなので、繰《く》り返《かえ》すことで少《すこ》しずつ身《み》についていきます。焦《あせ》らず、一《ひと》つずつ取《と》り組《く》んでいきましょう。

解説《かいせつ》

今回《こんかい》は、自分《じぶん》のことを書《か》くのではなく、モノになりきって、想像《そうぞう》しながら文章《ぶんしょう》を書《か》くトレーニングを行《おこな》いました。お子様《こさま》が上手《うま》く想像《そうぞう》ができない場合《ばあい》は、一緒《いっしょ》にそのモノを手《て》に取《と》りながら、「もしもこれが○○くん／ちゃんだったら」、「もしこの△△（モノの名前《なまえ》）が話《はな》せるようになったら」と、お子様《こさま》にイメージさせてあげてくださいね。「もしも」と仮定《かてい》してあげることで、子《こ》どもたちも「もしもの世界《せかい》」を楽《たの》しめるようになってくるはずです。

国語《こくご》の授業《じゅぎょう》でも、登場人物《とうじょうじんぶつ》の気持《きも》ちを考《かんが》えさせる問題《もんだい》や、もし自分《じぶん》だったらどうするかを考《かんが》えさせる問題《もんだい》が出《で》てきます。なかなか、登場《とうじょう》人物《じんぶつ》などの気持《きも》ちが想像《そうぞう》できない場合《ばあい》は、今回《こんかい》のように自分《じぶん》の身近《みぢか》にあるものや大切《たいせつ》にしているもの、また、自分《じぶん》で描《か》いた絵《え》などに心《こころ》を寄《よ》せて、想像《そうぞう》の世界《せかい》をふくらませるのもおすすめです。

すぐに文章《ぶんしょう》にできなくても、親御《おやご》さんと会話《かいわ》しながら想像《そうぞう》していくことで、イメージがどんどんふくらんでいくこともありますよ。

② もしも○○になったら……

76ページ

例文《れいぶん》（400文字程度《もじていど》）

もしも、ぼくが宇宙飛行士《うちゅうひこうし》になったら、ロケットに乗《の》って宇宙《うちゅう》に行《い》って、いろんな星《ほし》を見《み》てみたいです。

どうして、この仕事《しごと》をやってみたいと思《おも》ったかというと、宇宙《うちゅう》が大好《だいす》きで、いつも図鑑《ずかん》で宇宙《うちゅう》のことを調《しら》べていますが、自分《じぶん》もロケットに乗《の》って地球《ちきゅう》の外《そと》に行《い》ってみたいと思《おも》ったからです。
　宇宙《うちゅう》飛行士《ひこうし》は、くんれんが大変《たいへん》そうですが、ロケットに乗《の》れてかっこいいなと思《おも》います。もし、宇宙《うちゅう》飛行士《ひこうし》の人《ひと》に会《あ》えたら、「宇宙《うちゅう》から見《み》る地球《ちきゅう》はどんな感《かん》じですか？」と聞《き》いてみたいです。きっと、ぼくには想像《そうぞう》もできないくらい、すばらしいけしきを見《み》ているんだと思《おも》います。
　また、ぼくが宇宙《うちゅう》飛行士《ひこうし》になったら、地球《ちきゅう》以《い》外《がい》にも住《す》める星《ほし》をさがして、みんなの楽《たの》しみをふやしてあげたいです。
　そのために今《いま》は、英語《えいご》の勉強《べんきょう》と宇宙《うちゅう》や天体《てんたい》についての勉強《べんきょう》をがんばりたいと思《おも》います。

添削《てんさく》ポイント

① 全体《ぜんたい》

□もしも○○になったら……という自由《じゆう》な発想《はっそう》で書《か》けているか？

□その仕事《しごと》を通《つう》じてどんなことを実現《じつげん》してみたいかを具体的《ぐたいてき》に書《か》けているか？

まずはこの2点《てん》が作文《さくぶん》に書《か》けていたら合格《ごうかく》です！

② 構成《こうせい》

□「はじめ」で、「もしも○○になったら」と想像《そうぞう》してどんなことがしたいかが書《か》けているか？

□「なか」で、その仕事《しごと》を通《つう》じてかなえたいことが書《か》けているか？

□「まとめ」で、自分《じぶん》の気持《きも》ちや思《おも》いをまとめた文《ぶん》が書《か》けているか？

構成《こうせい》はトレーニングなので、繰《く》り返《かえ》すことで少《すこ》しずつ身《み》についていきます。焦《あせ》らず、一《ひと》つずつ取《と》り組《く》んでいきましょう。

解説《かいせつ》

今回《こんかい》は、想像文《そうぞうぶん》の一《ひと》つ、「もしも作文《さくぶん》」にチャレンジしました。想《そう》像《ぞう》の世界《せかい》で自分《じぶん》の思《おも》いや希望《きぼう》を見《み》つけて書《か》いていく作文《さくぶん》です。

いざ、作文《さくぶん》を書《か》こうと思《おも》っても手《て》が止《と》まってしまうのは、その職業《しょくぎょう》についたときのことを想像《そうぞう》しきれていないというケースも多《おお》いです。そういう場合《ばあい》は、お子様《こさま》がイメージしやすいように、具体的《ぐたいてき》にその職《しょく》業《ぎょう》の主《おも》な仕事《しごと》を想像《そうぞう》して、どの作業《さぎょう》や行動《こうどう》がワクワクするのかを一緒《いっしょ》に考《かんが》えていくのがおすすめです。

「その職業《しょくぎょう》についたらこんなことをしてみたい！」というワクワク感《かん》があれば、次々《つぎつぎ》に言葉《ことば》も出《で》てくるはずです。

想像文《そうぞうぶん》に正解《せいかい》はありません。自分《じぶん》で思《おも》い描《えが》いたことを言葉《ことば》にして作《さく》文《ぶん》に書《か》いていくことができるかどうかがポイントです。難《むずか》しく考《かんが》えず、ぜひ、想像《そうぞう》の世界《せかい》を楽《たの》しみながら取《と》り組《く》めるようサポートしてあげてください。

3 物語文《ものがたりぶん》をつくろう！

82ページ

例文《れいぶん》（400文字《もじ》程度《ていど》）

　10月《がつ》のある日曜日《にちようび》、ネズミさんが畑《はたけ》でサツマイモを見《み》つけました。

「わぁ、大《おお》きなサツマイモだ。持《も》って帰《かえ》ろう。よいしょ、よいしょ。」

　でも、サツマイモが重《おも》くて、家《いえ》まではこべませんでした。

「エーン、重《おも》くて動《うご》かないよ。だれか、助《たす》けて。」

　それを見《み》ていたハチさんは、

「ぼくも助《たす》けてあげたいけど、力《ちから》がないから、こまったな。そうだ、クマさんにおねがいしてみよう。」と言《い》ってクマさんに助《たす》けをおねがいしました。

　ハチさんの話《はなし》を聞《き》いて、クマさんは、

「いいよ、助《たす》けてあげよう。」

と言《い》って、ネズミさんが家《いえ》までサツマイモをはこぶのを手伝《てつだ》いました。

「ありがとう。わぁ、あっというまに、家《いえ》まではこべたね。」

　とネズミさんはお礼《れい》を言《い》いました。すると、クマさんは、

「お礼《れい》ならハチさんに言《い》うといいよ。ぼくはハチさんにたのまれて来《き》たからね」と言《い》いました。

　そこで、次《つぎ》の日《ひ》ネズミさんは、

「ハチさん、クマさん、きのうはありがとう。」

と言《い》って、お礼《れい》にハチさんとクマさんにスイートポテトをつくってプレゼントしました。

　そして、みんなでいっしょにスイートポテトを食《た》べました。

添削《てんさく》ポイント

① 全体《ぜんたい》

□ ステージ1で考《かんが》えた会話《かいわ》の流《なが》れで書《か》けているか？

□ 地《じ》の文《ぶん》とセリフの両方《りょうほう》が書《か》けているか？（会話文《かいわぶん》の登場回数《とうじょうかいすう》は問《と》いません）

まずはこの2点《てん》ができていたら合格《ごうかく》です！

② 構成《こうせい》

□「はじめ」で、最初《さいしょ》の展開《てんかい》として、「いつ・だれが・どうしたか」という、これから書《か》く物語《ものがたり》の内容《ないよう》が伝《つた》わる文章《ぶんしょう》が書《か》けているか？

□「なか」で、物語《ものがたり》のその後《ご》の展開《てんかい》が書《か》けているか？

□「まとめ」で、最後《さいご》の締《し》めの展開《てんかい》が書《か》けているか？

今回《こんかい》はステージ1で書《か》いたセリフがすでに、「はじめ→なか→おわり」の構成《こうせい》になっているので、その流《なが》れで文章《ぶんしょう》が書《か》けていたら合格《ごうかく》です。

解《かい》説《せつ》

今回《こんかい》は、1枚《まい》の写真《しゃしん》から、どれだけ想像《そうぞう》の世界《せかい》を広《ひろ》げて、物語文《ものがたりぶん》がつくれるかがテーマでした。真《ま》っ白《しろ》な紙《かみ》にいきなり物語《ものがたり》を書《か》き始《はじ》めようとするよりも、まずは、登場人物《とうじょうじんぶつ》を選《えら》ぶ。そして、登場人物同士《とうじょうじんぶつどうし》で会話《かいわ》をさせる。これだけでも、立派《りっぱ》な〝物語《ものがたり》〟ができあがります。

また、これを物語文《ものがたりぶん》にするには、会話《かいわ》に地《じ》の文《ぶん》を足《た》していくことがポイントとなります。物語文《ものがたりぶん》では、地《じ》の文《ぶん》をベースに、どのセリフを盛《も》り込《こ》むと、自然《しぜん》な流《なが》れで文章《ぶんしょう》がつながっていくかを考《かんが》えることが大《たい》切《せつ》です。もしセリフを選《えら》ぶのが難《むずか》しかったり、会話《かいわ》の前後《ぜんご》の地《じ》の文《ぶん》が上手《うま》くつながらないときは、一緒《いっしょ》に音読《おんどく》をしてみるのがおすすめです。「文章《ぶんしょう》ができた！」と思《おも》っても、音読《おんどく》をしてみることで、「このセリフはいらないかな？」「この地《じ》の文《ぶん》は接続詞《せつぞくし》を加《くわ》えたほうがいいかな？」などと、気《き》づくことも多《おお》いです。

2〜3回音読《かいおんどく》するだけでも、より読《よ》みやすい物語文《ものがたりぶん》ができてきますので、ぜひ一緒《いっしょ》に音読《おんどく》してあげてください。

第《だい》5章《しょう》　虫《むし》眼《め》鏡《がね》の扉《とびら》

1 生《い》き物《もの》図《ず》鑑《かん》をつくろう！

92ページ

例《れい》文《ぶん》（600文《も》字《じ》程《てい》度《ど》）

わたしは、ツキノワグマについて調《しら》べました。ツキノワグマについて調《しら》べようと思《おも》った理《り》由《ゆう》は、クマが好《す》きだったことと、その中《なか》でもお月《つき》さまのもようがあるツキノワグマにきょうみがあったからです。

ツキノワグマは、体《からだ》が大《おお》きいので肉《にく》をたくさん食《た》べるイメージがありましたが、じつは山《さん》菜《さい》や木《き》の実《み》などが主《しゅ》食《しょく》だそうです。とくに冬《とう》眠《みん》前《まえ》の秋《あき》は、栄《えい》ようをつけるために木《き》の実《み》を好《この》んで食《た》べるそうです。

また、トウガラシのにおいが苦《にが》手《て》で、これはクマから畑《はたけ》の作《さく》物《もつ》を守《まも》るためにも、トウガラシのにおいのするものをおくというように活《かつ》用《よう》されているそうです。その理《り》由《ゆう》は、調《しら》べてもわからなかったのですが、トウガラシのカプサイシンという辛《から》みをもたらす成《せい》分《ぶん》がツンとしていやなのかもしれません。

わたしは、これまでツキノワグマについて、大《おお》きくて、こわい動《どう》物《ぶつ》だと思《おも》っていましたが、調《しら》べてみるとクマの中《なか》では小《こ》がらで、また木《き》の実《み》を好《この》んで食《た》べるので、フンに植《しょく》物《ぶつ》のタネがまざって、森《もり》中《じゅう》に植《しょく》物《ぶつ》のタネをまいてくれる森《もり》にやさしい動《どう》物《ぶつ》だとわかりました。

さらに調《しら》べてみると、九《きゅう》州《しゅう》ではツキノワグマは絶《ぜつ》めつしたようで、四《し》国《こく》にはツキノワグマはたった二《に》十《じゅっ》頭《とう》しかいないそうです。ツキ

ノワグマが絶《ぜつ》めつしてしまうのはかなしいので、ツキノワグマがくらせる自《し》然《ぜん》がのこるように、わたしにもできることがあれば応《おう》えんしたいと思《おも》いました。

添削《てんさく》ポイント

①全体《ぜんたい》

□ **興味《きょうみ》のある生《い》き物《もの》について自分《じぶん》で調《しら》べて、情報《じょうほう》をまとめることができたか？**

□ **事実《じじつ》だけをまとめたレポートではなく、自分《じぶん》の意見《いけん》や思《おも》いを入《い》れられているか？**

まずはこの2点《てん》ができていたら合格《ごうかく》です！

②構成《こうせい》

□「はじめ」で、なぜ自分《じぶん》がこの生《い》き物《もの》について調《しら》べようと思《おも》ったかの理由《りゆう》が書《か》けているか？

□「なか」で、生《い》き物《もの》について自分《じぶん》で調《しら》べた情報《じょうほう》が書《か》けているか？

□「まとめ」で、この生《い》き物《もの》についての自分《じぶん》の思《おも》いや意見《いけん》などが書《か》けているか？

あくまで一例《いちれい》の構成《こうせい》イメージです。これ以外《いがい》でもはじめ・なか・まとめを意識《いしき》して構成《こうせい》が立《た》てられていればOKです。

解説《かいせつ》

今回《こんかい》は、興味《きょうみ》のある生《い》き物《もの》の情報《じょうほう》を自分《じぶん》で調《しら》べて、集《あつ》めた情報《じょうほう》をもとに作文《さくぶん》を書《か》くというトレーニングを行《おこな》いました。日頃《ひごろ》から、図鑑《ずかん》や辞書《じしょ》を引《ひ》いたりして情報《じょうほう》を集《あつ》めるのが好《す》きなお子様《こさま》も、いざそれを作《さく》文《ぶん》にして書《か》くとなると、何《なに》から紹介《しょうかい》すればよいかわからず、手《て》が止《と》まってしまうこともあるかもしれません。

ここでは作文《さくぶん》の型《かた》として、「はじめ」「なか」「まとめ」の構成案《こうせいあん》を載《の》せていますが、大切《たいせつ》なポイントは、「事実《じじつ》・情報《じょうほう》」だけではなく、「自分《じぶん》はどう思《おも》うか？」「どう感《かん》じたか？」「これからどうしていきたいか？」という〝自分《じぶん》〟の視点《してん》を入《い》れて書《か》くことです。それによって、作文《さくぶん》のレベルも上《あ》がっていきます。

事実《じじつ》をまとめ、それに対《たい》する自分《じぶん》の意見《いけん》や思《おも》いを書《か》くというトレーニングは、いずれ小論文《しょうろんぶん》などでも大切《たいせつ》な力《ちから》となってきます。

2 おいしい桃《もも》の育《そだ》て方《かた》を説明《せつめい》しよう！

ステージ1 辞書《じしょ》で調《しら》べてみよう！ 97ページ

まびく（例《れい》）植物《しょくぶつ》が十分《じゅうぶん》に生育《せいいく》するように、間《あいだ》をあけて抜《ぬ》いて、まばらにすること。

ステージ2 穴埋《あなう》め作文《さくぶん》にチャレンジ！ 98ページ

はじめ　①7月《がつ》～8月《がつ》

なか　②せんてい　③どの枝《えだ》にも十分《じゅうぶん》に日光《にっこう》が当《あ》たるようにする

④てきらい ⑤てきばな
⑥てっか ⑦木《き》が弱《よわ》ってしまう（実《み》が大《おお》きくならない）
⑧ふくろがけ 反《はん》しゃシートしき ⑨熟度《じゅくど》（じゅくど）
⑩肥料《ひりょう》まき（ひりょうまき）

100ページ

例文《れいぶん》（800文字程度《もじていど》）

おいしい桃《もも》が育《そだ》つまでの一年間《いちねんかん》の流《なが》れをおしえてもらいました。

桃《もも》の旬《しゅん》の時期《じき》は7月《がつ》から8月《がつ》ですが、おいしい桃《もも》を育《そだ》てるためには、見《み》えない努力《どりょく》がたくさんありました。

まずは冬《ふゆ》。さいしょに、桃農家《もものうか》さんがおこなうのは、せんていです。この作業《さぎょう》は、どの枝《えだ》にも十分《じゅうぶん》に日光《にっこう》が当《あ》たるようにするためにおこないます。

そして、3月《がつ》の春先《はるさき》におこなうのが、てきらいです。

さらに、つぼみが大《おお》きくなり、花《はな》が咲《さ》くと、てきばなという作業《さぎょう》をおこないます。

そして6月《がつ》ごろ、てっかをおこないます。

これらは、木《き》が弱《よわ》ってしまうことをふせぎ、おいしい桃《もも》を育《そだ》てるために必要《ひつよう》な作業《さぎょう》です。

また、しゅうかくの前《まえ》には、ふくろがけや反《はん》しゃシートしきをおこなうこともあります。

こうして、一年《いちねん》かけて育《そだ》てた桃《もも》の木《き》には、8月《がつ》に大《おお》きな桃《もも》が実《みの》ります。しゅうかくでの大事《だいじ》なポイントは、じゅくどです。

そして、秋《あき》にはひりょうまきをおこない、一年《いちねん》を終《お》えます。

今回《こんかい》、おいしい桃《もも》が育《そだ》つまでの工夫《くふう》を学《まな》んで、知《し》らないことがたくさんあったなと思《おも》いました。とくに、まびきの作業《さぎょう》は、大変《たいへん》そうでした。

これまで、ぼくはおいしい桃《もも》が育《そだ》つにはひりょうが大事《だいじ》だと思《おも》っていましたが、せんていやまびき、じゅくどのチェックなどが大事《だいじ》だと知《し》りました。

これから桃《もも》を食《た》べるときは、桃農家《もものうか》さんの苦労《くろう》を思《おも》い出《だ》しながら食《た》べようと思《おも》います。

添削《てんさく》ポイント

①全体《ぜんたい》

□おいしい桃《もも》の育《そだ》て方《かた》の情報《じょうほう》をまとめて、文章《ぶんしょう》にできているか?
□また、おいしい桃《もも》の育《そだ》て方《かた》を知《し》って、どう感《かん》じたかという自分《じぶん》の気持《きも》ちや意見《いけん》が書《か》けているか?
この2点《てん》ができていたら合格《ごうかく》です!

②構成《こうせい》

□「はじめ」で、これから何《なに》を説明《せつめい》するのか、今回《こんかい》の作文《さくぶん》のテーマが書《か》けているか？

□「なか」で、桃《もも》が育《そだ》つまでの一年《いちねん》の流《なが》れやポイントを要約《ようやく》しながら書《か》けたか？

□「まとめ」で、今回知《こんかいし》った情報《じょうほう》に対《たい》しての、自分《じぶん》の意見《いけん》や気持《きも》ちが書《か》けたか？

あくまで一例《いちれい》の構成《こうせい》イメージです。これ以外《いがい》でもはじめ・なか・まとめを意識《いしき》して構成《こうせい》が立《た》てられていればOKです。

解説《かいせつ》

自分《じぶん》が得《え》た情報《じょうほう》を、読《よ》み手《て》にわかりやすくまとめていく作業《さぎょう》は、なかなか難《むずか》しいものです。いざ、作文《さくぶん》に書《か》くとなると、目《め》に見《み》える情報《じょうほう》を100%原稿用紙《げんこうようし》に写《うつ》したくなってしまうものです。

「相手《あいて》に伝《つた》えたい情報《じょうほう》」を「わかりやすくまとめて」、それについて「自分《じぶん》がどう思《おも》うか」をまとめられれば理想《りそう》ですが、たくさん情報《じょうほう》があればあるほど、情報《じょうほう》の選《えら》び取《と》り方《かた》が最初《さいしょ》は難《むずか》しく感じるかもしれません。

まず大切《たいせつ》なことは、たくさんの情報《じょうほう》を全部書《ぜんぶか》こうとしないことです。たくさんの情報《じょうほう》の中《なか》から、「特《とく》にどれを人《ひと》に伝《つた》えたいのか」「どの情報《じょうほう》に自分《じぶん》の気持《きも》ちが動《うご》いたか？」という視点《してん》で1～3つほどの情報《じょうほう》にマルをつけて選《えら》んでから作文《さくぶん》に書《か》き始《はじ》めることをおすすめします。

読書感想文《どくしょかんそうぶん》においても、物語《ものがたり》の展開《てんかい》をすべて書《か》かずに、どの部分《ぶぶん》を抜《ぬ》き取《と》って書《か》けば、読《よ》み手《て》に面白《おもしろ》さが伝《つた》わるかという視点《してん》が大切《たいせつ》です。日頃《ひごろ》から、テレビや本《ほん》などのメディアの情報《じょうほう》と接《せっ》するときも、「どの部分《ぶぶん》の情報《じょうほう》を人《ひと》に伝《つた》えれば、大事《だいじ》な点《てん》が伝《つた》わるかな？」とゲームのようにして考《かんが》えさせてみるのもいいですね。

1 意見文《いけんぶん》を書《か》こう！

例文《れいぶん》（400文字程度《もじていど》）

108ページ・112ページ

テーマ1

ぼくがえらんだテーマは、「学校《がっこう》の先生《せんせい》が全員《ぜんいん》AIロボットになってしまったら？」です。

ぼくは、AIロボットの先生《せんせい》よりも、人間《にんげん》の先生《せんせい》の方《ほう》がいいと思《おも》います。

どうしてそう思《おも》ったのかというと、歌《うた》の発表会《はっぴょうかい》のあと、となりのクラスの先生《せんせい》から「おなかから声《こえ》を出《だ》していて、タケシくんの声《こえ》が遠《とお》くまでよくひびいていたよ。」とほめられて、とてもうれしかったからです。

さいしょは、ぼくはあまり先生《せんせい》たちと話《はなし》をすることがないので、もしも、学校《がっこう》の先生《せんせい》たちが全員《ぜんいん》AIロボットになってしまったとしても、別《べつ》に変化《へんか》がないかなと思《おも》いました。

でも、あのとき先生《せんせい》がくれたほめ言葉《ことば》を思《おも》い出《だ》すと、人間《にんげん》の先生《せんせい》の方《ほう》が、ぼくたちのことをしっかりと見《み》て、心《こころ》で感《かん》じたことを言《い》ってくれるのではないかなと思《おも》いました。

　反《はん》対《たい》に、もし学《がっ》校《こう》の先《せん》生《せい》が全《ぜん》員《いん》AIロボットだったら、ひとりひとりのことを見《み》て、あたたかい言《こと》葉《ば》をかけてくれることはないと思《おも》います。

　AIロボットの先《せん》生《せい》は授《じゅ》業《ぎょう》やそうじは完《かん》ぺきにできたとしても、ぼくたちとのコミュニケーションは、人《にん》間《げん》の先《せん》生《せい》のようにはできないと思《おも》います。そう思《おも》うと、やっぱりぼくは、人《にん》間《げん》の先《せん》生《せい》たちといっしょに、学《がっ》校《こう》生《せい》活《かつ》をおくりたいと思《おも》いました。

テーマ2

　ぼくがえらんだテーマは、「友《とも》だちのおもちゃをこわしてしまったら？」です。

　ぼくは、すぐに、こわしてしまったことをあやまった方《ほう》がいいと思《おも》います。

　どうしてそう思《おも》ったのかというと、じつは、ぼくにも借《か》りていた友《とも》だちのおもちゃをこわしてしまった経《けい》験《けん》があるからです。

　そのときは、とても仲《なか》の良《よ》かった友《とも》だちから借《か》りていたゲームが動《うご》かなくなってしまって、伝《つた》えるのがこわかったけれど、勇《ゆう》気《き》を出《だ》して友《とも》だちの家《いえ》に行《い》き、正《しょう》直《じき》に話《はな》しました。

　すると、友《とも》だちは、「こわれてしまってかなしいけど正《しょう》直《じき》に話《はな》してくれてありがとう」と言《い》ってゆるしてくれました。

　反《はん》対《たい》に、もしこわしたことをだまっていたら、ずっとモヤモヤしてしまうし、あとで仲《なか》が悪《わる》くなってしまうかもしれません。

　だから、すぐに正《しょう》直《じき》にあやまったほうがいいと思《おも》います。一《いち》番《ばん》大《たい》切《せつ》なのは、友《とも》だちの気《き》持《も》ちを考《かんが》えて動《うご》くことだと思《おも》います。これからも友《とも》だちの気《き》持《も》ちを大《たい》切《せつ》にして、仲《なか》良《よ》く遊《あそ》びたいです。

テーマ3

　わたしがえらんだテーマは、「もしも学《がっ》校《こう》のそうじの時《じ》間《かん》がなくなったらどうするか」です。

　わたしのこのテーマに対《たい》する意《い》見《けん》は、反《はん》対《たい》です。どうしてそう思《おも》ったのかというと、もし毎《まい》日《にち》のそうじの時《じ》間《かん》がなくなって、好《す》きなときにやりたい人《ひと》だけがやるとなったら、そうじをする人《ひと》は少《すく》ないと思《おも》うからです。また、自《じ》分《ぶん》からそうじをしようとする人《ひと》も、まわりで遊《あそ》んでいる人《ひと》を見《み》たら、「自《じ》分《ぶん》だけがそうじをして、みんなはよごすだけではずるい」といやな気持《きも》ちになると思《おも》います。さらに、そうじをする人《ひと》としない人《ひと》で、ケンカになってしまうかもしれません。

反対《はんたい》に、今《いま》のようにそうじをする時間《じかん》を決《き》めて、みんなでいっしょに取《と》り組《く》めば、学校《がっこう》は毎日《まいにち》キレイになります。そして、そうじをする人《ひと》としない人《ひと》の不平等《ふびょうどう》さもなくなると思《おも》います。

わたしは、そうじの時間《じかん》はあまり好《す》きではないけれど、そうじの時間《じかん》がなくなってしまったら自分《じぶん》たちの使《つか》う場所《ばしょ》がきたなくなってしまうので、やっぱりみんなでいっしょにおこなうそうじの時間《じかん》は必要《ひつよう》だと思《おも》います。

テーマ4

わたしがえらんだテーマは、「どんなねがいごともすぐにかなう世界《せかい》か、自分《じぶん》でがんばらないとかなわない世界《せかい》のどちらをえらぶか」です。

わたしは、自分《じぶん》でがんばらないとかなわない世界《せかい》をえらびます。

どうしてかというと、ねがいごとがなんでもかなってしまったら、そのうち、つまらなくなってしまうと思《おも》ったからです。

たとえば、「バスケットボールの大会《たいかい》でゆうしょうしたい」というねがいも、何《なに》もしなくてもかなってしまったら、うれしい気持《きも》ちがなくなってしまいそうです。

反対《はんたい》に、自分《じぶん》で努力《どりょく》していたことができるようになると、とてもうれしいと感《かん》じられるので、自分《じぶん》のねがいは、自分《じぶん》でがんばってかなえる世界《せかい》のほうがいいと思《おも》います。

わたしは、一《いち》りん車《しゃ》を練習《れんしゅう》していますが、いきなりむずかしい技《わざ》ができるようになるよりも、がんばって練習《れんしゅう》して、できる技《わざ》が少《すこ》しずつふえていくほうがうれしいです。

いつか世界《せかい》チャンピオンのような大技《おおわざ》もできるように、これからも練習《れんしゅう》して、一《いち》りん車《しゃ》の楽《たの》しさを味《あじ》わっていきたいです。

テーマ5

ぼくがえらんだテーマは、「島《しま》の小学校《しょうがっこう》の生徒《せいと》が自分一人《じぶんひとり》になったらどうするか」です。

ぼくは、たとえ小学生《しょうがくせい》が自分一人《じぶんひとり》になっても転校《てんこう》せず島《しま》にのこると思《おも》います。

どうしてそう思《おも》ったのかというと、せっかくその島《しま》で生《う》まれたのに、島《しま》に小学生《しょうがくせい》が自分《じぶん》一人《ひとり》だという理由《りゆう》で島《しま》をはなれてしまうのはもったいないと思《おも》うからです。

　また、ぼくは島《しま》でくらしたことはないですが、島《しま》には都会《とかい》とはちがう生《い》き物《もの》や自然《しぜん》など、ステキなものがたくさんあると思《おも》います。

　そして、小学校《しょうがっこう》には生徒《せいと》が自分《じぶん》一人《ひとり》しかいなくても、島《しま》のおじいさんやおばあさんと友《とも》だちになって、都会《とかい》の子《こ》どもが知《し》らないような知識《ちしき》をおしえてもらったり、自然豊《しぜんゆた》かな場所《ばしょ》でたくさん体《からだ》を動《うご》かすこともできます。

　反対《はんたい》に、もし島《しま》をはなれてしまったら、その島《しま》のいいところに気《き》づかないまま大人《おとな》になってしまうかもしれません。

　だから、ぼくは、もし小学校《しょうがっこう》に自分《じぶん》一人《ひとり》しか生徒《せいと》がいなくなったとしても、島《しま》に残《のこ》って、その島《しま》のいいところをたくさん見《み》つけたいと思《おも》いました。

添削《てんさく》ポイント

①全体《ぜんたい》

- □ **自分《じぶん》の意見《いけん》が書《か》けているか？**
- □ **反対《はんたい》の意見《いけん》の場合《ばあい》も考《かんが》えて書《か》けているか？**

まずはこの2点《てん》が作文《さくぶん》に書《か》けていたら合格《ごうかく》です！

②構成《こうせい》

- □ **「はじめ」で、どのテーマについて取《と》り上《あ》げたか、そして自分《じぶん》がどう思《おも》っているかという意見《いけん》が書《か》けているか？**
- □ **「なか」で、自分《じぶん》がそう思《おも》う理由《りゆう》や、反対《はんたい》の意見《いけん》も書《か》けているか？**
- □ **「まとめ」で、このテーマについての自分《じぶん》の意見《いけん》とその理由《りゆう》を、テーマの答《こた》えとなるような形《かたち》で書《か》けているか？**

あくまで一例《いちれい》の構成《こうせい》イメージです。これ以外《いがい》でもはじめ・なか・まとめを意識《いしき》して構成《こうせい》が立《た》てられていればOKです。

解説《かいせつ》

意見文《いけんぶん》では自分《じぶん》の意見《いけん》を読《よ》み手《て》に伝《つた》えるために、どう構成《こうせい》を立《た》てて書《か》いていくかがポイントとなります。

接続詞《せつぞくし》「なぜなら」「また」「反対《はんたい》に」などといった言葉《ことば》を使《つか》いながら、自分《じぶん》の意見《いけん》とそう考《かんが》えた理由《りゆう》の説明《せつめい》、また、あえて反対意見《はんたいいけん》を出《だ》しながらそれに対《たい》しての自分《じぶん》の意見《いけん》を述《の》べるといった書《か》き方《かた》も効果的《こうかてき》です。

ただ、作文《さくぶん》において気《き》をつけたいのは、同《おな》じ接続詞《せつぞくし》を何度《なんど》も使《つか》うことです。たとえば、自分《じぶん》の意見《いけん》を説明《せつめい》するために、「どうしてかというと」という言葉《ことば》を作文《さくぶん》の中《なか》で2回《かい》も3回《かい》も使《つか》うのではなく、「なぜなら」「その理由《りゆう》としては」など、いろんな表現《ひょうげん》を使《つか》いながら、自分《じぶん》の意見《いけん》を展開《てんかい》できるのが理想《りそう》です。

日頃《ひごろ》から、本《ほん》を読《よ》むときなども、「接続詞《せつぞくし》」に注意《ちゅうい》して、書《か》き込《こ》める本《ほん》には接続詞《せつぞくし》にマルをつけながら、読《よ》み進《すす》めてみるのもおすすめです。自分《じぶん》の知《し》らなかった表現《ひょうげん》とたくさん出会《であ》えます。

2 読《どく》書《しょ》感《かん》想《そう》文《ぶん》を書《か》こう！

124ページ

例文《れいぶん》（1000文字《もじ》程度《ていど》）

わたしは、「おばあちゃんのグルグル畑《ばたけ》」という本《ほん》を読《よ》みました。どうしてこの本《ほん》をえらんだかというと、表紙《ひょうし》にえがかれたキヨミばあちゃんの笑《え》顔《がお》にひかれたからです。

この本《ほん》では、キヨミばあちゃんが畑《はたけ》で、生《い》き物《もの》や植物《しょくぶつ》がさいごはうれしそうに土《つち》にかえっていくすがたを見《み》て、土《つち》から生《う》まれ、土《つち》にかえることの大切《たいせつ》さに気《き》づいていきます。

キヨミばあちゃんはなるべくゴミを出《だ》さないようなくらしをしていましたが、夏休《なつやす》みに来《く》る孫《まご》たちは、キヨミばあちゃんの家《いえ》のゴミ箱《ばこ》に、おかしのふくろや使《つか》い捨《す》ての歯《は》ブラシなどをどんどん捨《す》てていくのでこまってしまいました。

そんな孫《まご》たちのためにキヨミばあちゃんは、モノが土《つち》から生《う》まれて土《つち》にかえる大切《たいせつ》さを伝《つた》える紙芝居《かみしばい》をつくります。その紙芝居《かみしばい》はキヨミばあちゃんがなくなったあともずっと読《よ》みつがれていきました。

わたしがこの本《ほん》を読《よ》んで心《こころ》にのこったことは、キヨミばあちゃんが言《い》った、
「人《ひと》も生《い》き物《もの》も、植物《しょくぶつ》も、土《つち》から生《う》まれて土《つち》にかえるだけじゃ。」
というセリフです。

どうして、このセリフが心《こころ》にのこったかというと、この言葉《ことば》は今《いま》、世界《せかい》でかだいとなっているゴミ問題《もんだい》をかいけつするためのヒントになるのではないかと思《おも》ったからです。

わたしも、今《いま》まではキヨミばあちゃんの孫《まご》たちのように、プラスチックゴミになるようなものをどんどん買《か》って、いらなくなったら平気《へいき》で捨《す》てていました。よくお母《かあ》さんからも、
「本当《ほんとう》に必要《ひつよう》なのか考《かんが》えてから買《か》いなさい。」
と言《い》われたりしていました。

でも、「おばあちゃんのグルグル畑《ばたけ》」を読《よ》んで、ゴミを燃《も》やすだけでも、二酸化炭素《にさんかたんそ》が出《で》たり、埋《う》め立《た》てゴミから有害《ゆうがい》な物質《ぶっしつ》が流《なが》れ出《で》て、川《かわ》や土《つち》をよごしてしまうこともあるので、ゴミを捨《す》てるということは、地球《ちきゅう》かんきょうによくないことなのだと気《き》づきました。

また、土《つち》から生《う》まれて、土《つち》にかえる自然《しぜん》のシステムは本当《ほんとう》にすばらしいものだと感《かん》じました。キヨミばあちゃんの言葉《ことば》がもっと世界《せかい》中《じゅう》に広《ひろ》まれば、土《つち》から生《う》まれて土《つち》にかえれるような商品《しょうひん》が世《よ》の中《なか》にふえるかもしれません。

わたしも今《いま》までは、地《ち》球《きゅう》かんきょうのことをあまり考《かんが》えずに生《せい》活《かつ》していましたが、これからは、自《じ》分《ぶん》が地《ち》球《きゅう》のためにできることを考《かんが》えてくらしていきたいです。

添《てん》削《さく》ポイント

①全《ぜん》体《たい》

□本《ほん》を読《よ》んで感《かん》じた自《じ》分《ぶん》の気《き》持《も》ち・意《い》見《けん》を感《かん》想《そう》文《ぶん》の中《なか》に書《か》くことができたか?

□自《じ》分《ぶん》の体《たい》験《けん》や経《けい》験《けん》も入《い》れて書《か》くことができたか?

まずはこの2点《てん》ができていたら合《ごう》格《かく》です!

②構《こう》成《せい》

□「はじめ」で、自《じ》分《ぶん》がこの本《ほん》を選《えら》んだ理《り》由《ゆう》が書《か》けているか?

□「なか」で、自《じ》分《ぶん》の気《き》持《も》ちが動《うご》いた場《ば》面《めん》の紹《しょう》介《かい》や、自《じ》分《ぶん》の体《たい》験《けん》談《だん》などを入《い》れることができたか?

□「まとめ」で、自《じ》分《ぶん》の意《い》見《けん》や気《き》づいたこと・学《まな》んだことなどをまとめて書《か》くことができたか?

あくまで一《いち》例《れい》の構《こう》成《せい》イメージです。これ以《い》外《がい》でもはじめ・なか・まとめを意《い》識《しき》して構《こう》成《せい》が立《た》てられていればOKです。

解《かい》説《せつ》

本《ほん》書《しょ》のラストは、読《どく》書《しょ》感《かん》想《そう》文《ぶん》のトレーニングでした。

読《どく》書《しょ》感《かん》想《そう》文《ぶん》は、「本《ほん》の紹《しょう》介《かい》文《ぶん》」だけでなく、「自《じ》分《ぶん》の気《き》持《も》ち」「自《じ》分《ぶん》の意《い》見《けん》」なども加《くわ》えていく作《さく》文《ぶん》です。普《ふ》段《だん》よりも多《おお》い文《も》字《じ》数《すう》を書《か》く必《ひつ》要《よう》があるので、ついつい本《ほん》の内《ない》容《よう》の紹《しょう》介《かい》だけで全《ぜん》体《たい》の7割《わり》ほどを使《つか》ってしまうお子《こ》様《さま》も多《おお》いですが、大《だい》事《じ》なことは「自《じ》分《ぶん》の気《き》持《も》ち」「自《じ》分《ぶん》の意《い》見《けん》」そして「自《じ》分《ぶん》の経《けい》験《けん》・体《たい》験《けん》」が書《か》けるかどうかです。この要《よう》素《そ》があってはじめて、読《どく》書《しょ》感《かん》想《そう》文《ぶん》は面《おも》白《しろ》くなります。

はじめ・なか・まとめ全《ぜん》体《たい》の内《ない》容《よう》の割《わり》合《あい》としては、本《ほん》の紹《しょう》介《かい》（事《じ》実《じつ》）2~3割《わり》、自《じ》分《ぶん》のこと7~8割《わり》がおすすめです。自《じ》分《ぶん》の気《き》持《も》ち・意《い》見《けん》・体《たい》験《けん》のエピソードを大《だい》事《じ》にして、事《じ》前《ぜん》にメモや穴《あな》埋《う》め作《さく》文《ぶん》で書《か》きたいことをまとめてから、作《さく》文《ぶん》用《よう》紙《し》に書《か》いていけるといいですね。

※今回の例文に使用した「おばあちゃんのグルグル畑」は、ジャーさんの作文教室オリジナル教材となります。